AT HOME AND BEYOND:
NEW ESSAYS ON SPANISH POETS OF THE TWENTIES

SALVADOR JIMENEZ FAJARDO and
JOHN C. WILCOX, Editors

AT HOME AND BEYOND: NEW ESSAYS ON SPANISH POETS OF THE TWENTIES

SOCIETY OF SPANISH AND SPANISH-AMERICAN STUDIES

The Society of Spanish and Spanish-American Studies promotes bibliographical, critical and pedagogical research in Spanish and Spanish-American studies by publishing works of particular merit in these areas. On occasions, the Society will also publish creative works. SSSAS is a non-profit educational organization sponsored by The University of Nebraska-Lincoln. It is located at the Department of Modern Languages and Literatures, The University of Nebraska-Lincoln, Oldfather Hall, Lincoln, Nebraska 68588-0316, U.S.A.

Library of Congress Catalog Card Number:82-060341
ISBN: 0-89295-022-6

SSSAS: LC9002

Printed in the United States of America

CONTENTS

Preface..7
Introduction: Spanish Poetry in the 1920s. Salvador
    Jiménez Fajardo and John Wilcox....................11
Recuerdo de los poetas. Ricardo Gullón....................23
La expresión vital: Jorge Guillén y José Ortega y Gasset.
    Luis F. Costa......................................37
Cosmic Love in Lorca and Guillén. Patrick H. Dust...........53
Ultraismo and Tradition: Two Sonnets of Gerardo Diego.
    Nancy B. Mandlove..................................69
Reader Cognition and the Dialectical Imagery in the Poetry
    of Gerardo Diego. Timothy J. Rogers..................77
T.S. Eliot and Jorge Guillén: Towards a «Revolutionary»
    Classicism. K.M. Sibbald...........................87
La aportación de Egloga, Elegía, Oda a la evolución
    poética de Luis Cernuda. Jorge H. Valdés..............97
Lorca, Alberti and «Los tontos del cine mudo».
    Marcia L. Welles..................................113

PREFACE

The essays on «The Generation of 1925 (1927)» collected in this volume represent a selection of the papers delivered at a Colloquium on Spanish Literature celebrated at Illinois Wesleyan University in April, 1980. The intent of the conference was to identify current critical views on this important group of poets, and to allow the young scholars who expressed them an occasion for both formal and informal debate. That the subject of the conference has remained an active area of investigation in Spanish Literature was demonstrated by the extraordinary response to our proposal. We received abstracts and papers from across the United States and Canada, together with numerous other queries and expressions of interest. [1]

The Colloquium was remarkably successful. Twenty-eight papers were presented, all of very high quality, together with the key-note speech by Ricardo Gullón and a general address by Joaquín González-Muela. There were responses to several papers which were themselves worthy of note while expanding further the scope of ensuing discussions. The prevailing note was one of enthusiasm.

We expected that the very idea of a «Generation of 1925 (1927)» would be challenged at some point in the proceedings, especially nowadays when the concept of «generations» in Spanish Literature is under increasing attack for being too narrowly historical and needlessly reductive. Indeed, Ricardo Gullón opened his address with a decisive broadside against the notion, and most references to a «Generation of 1925 (1927)» in papers and discussions seemed to be accompanied by large question marks or trenchant disclaimers. Clearly, Professor Gullón's views were far from heretical.

At present, debate on the question of a «Generation of 1925 (1927)» bears on three principal points: (1) Is the concept of a «generation» in itself an illuminating critical tool for the study of literature, in particular Spanish Literature of this century? (2) Who are the members of this reputed «Generation» of Spanish poets? (3) If it exists, is this a «Generation» of 1925, as Cernuda claimed, or of 1927? These are issues we address briefly in our «Introduction: Spanish Poetry in the 1920s.»

Participants at the Colloquim did seem to have an intuitive grasp of the ideology and historical framework associated with this «Generation» of poets, but it seemed to us that no one allowed such extrinsic values to interfere with his or her reading of the poets and their work. The notion remained flexible and allowed for the appraisal of writers who might not normally be included within its ken.

As critics we should of course be wary of all generalizing ideas —such as «pure poetry»—that mute rather than highlight a writer's individual qualities. [2] We chose the following essays because they demonstrate that such overarching generalizations dissolve as soon as one attends to the work of individual poets, whose voices are strong and personal, who are anchored to their world, and who resist all labels. These are poets, we believe, whose significance exceeds the limits of historical period and geographical place.

In the following papers we present new readings of Gerardo Diego, Luis Cernuda, Jorge Guillén, Federico García Lorca, and Rafael Alberti.

Ricardo Gullón, besides debunking the notion of a «Generation,» presents us with an intense reassessment of these poets. Gullón's is a dramatically personal view, as he knew almost all of this group of poets, and he names those whom he believes have been neglected and are now in need of re-evaluation.

The two articles on Diego are close readings of selected poems. Nancy Mandlove, in a line by line dissection, elucidates and defines specifically *ultraísta* techniques. Tim Rogers argues that dialectical imagery throws Diego's readers into a state of chaos from which they attempt to construct his meanings.

In studying Cernuda, Jorge Valdés is intent on showing that *Egloga, Elegía, Oda* is thematically and stylistically original, and not a mere rehash of the earlier books.

Guillén is presented from the perspective of comparatist scholarship. Kay Sibbald studies don Jorge's early prose and compares it with T.S. Eliot's. She encounters what she explains as «revolutionary classicism»: a classicism whose elitism is attenuated the more it engages life itself. Luis Costa studies Ortega and Guillén. He analyses the tenets of «yo soy yo y mi circunstancia» and «la razón vital,» and he argues that the presence of such vitalism in don Jorge makes nonsense of the charge that this is a «dehumanized» poetry.

Lorca is seen from the comparatist's viewpoint. Pat Dust links Lorca and Guillen; Marcia Welles links Lorca and Alberti. Pat Dust does not just elucidate the notion of «cosmic love» in these poets, he uses it to judge them (and Lorca suffers). His paper is remarkable for the trenchant authority of its judgements, which stem from his clearsighted moral stance; such a voice is rarely heard today. Marcia Welles' novel study of the silent movies of the 1920s leads her to interpret the «clown» and «child» symbols of Lorca and Alberti. She is able to show that specific images and sequences from movies occur in the poems.

We believe these readings are fresh and hope they stimulate further original work. We acknowledge the assistance and encouragement of Illinois Wesleyan University, and in particular Dean Wendell Hess, throughout this project, and of the Research Board, University of Illinois-Urbana for the financial support which facilitated the preparation of the project's latter phase.

NOTES

1. In addition to artists whose works are analyzed in the present volume, the works of the following were discussed: Vicente Aleixandre, Dámaso Alonso, Manuel Altolaguirre, Gabriel Miró. There were, in addition, papers on «thematic tension» in Salinas, Guillén, and Lorca, and the presence of the Caribbean sea in the poetry of this «Generation» of poets. There were also two very fine accounts of the problems of translating into English the poetry of Aleixandre and the prose of Alberti.

Seven papers were given on Lorca (three on the plays and four on the poetry); four were heard on Diego and four on Guillén, and four included Alberti in their analyses. There were three on Aleixandre and two on Cernuda. The fact that Salinas was under-represented does not, we trust, reflect a lack of interest in his work today.

2. In April 1980, at the University of Chicago, a symposium was held on *Spain*

Today, in which José Hierro, an otherwise astute critic of contemporary literature, asserted that the term «pure poetry» characterizes the poetry of the 1920s.

INTRODUCTION: SPANISH POETRY IN THE 1920s

Salvador Jiménez Fajardo
Illinois Wesleyan University

John Wilcox
University of Illinois, Urbana

Studies of the history of Spanish Peninsular poetry in the 1920s are as varied as they are fascinating. In some accounts, chronology is downplayed and aesthetic ideals are foregrounded; in others, the paramount concern is to debunk the entrenched belief that for Spanish poetry 1927 was an *annus mirabilis*. As it is our intention here to offer an overview that includes all pertinent details, [1] we shall adhere to a chronological presentation of the major movements in Peninsular poetry in the twenties. In fact, to do what we hope is justice to the variety of poetry written in the decade, we propose to describe it as constituted by three successive schools: *ultraist, purist,* and *surrealist.*

I. *General Movements*

Each of the three phases we discern in *new* Spanish poetry in the 1920s we view as contemporaneous with various international tendencies in literature and art. By the beginning of the decade, the most innovative young poets had already begun seizing upon and domesticating much of the irreverent and playful theory and practice «manifestoed» about by avant-garde artists from Europe (Marinetti, Picasso, Braque, Apollinaire) and from South America (Vicente Huidobro). This was a period of *—isms* and Spain's new poets were happy to jump on the bandwagon. Today we see Gerardo Diego as the significant poet of this new wave, which by 1921 had petered out.

The initial phase yielded to a rather more high-minded and intellectual movement in poetry, reminiscent of Eliot's (see Kay Sibbald's paper in this volume) in which a «group» of most original poets in Spain were conscious of mastering and transforming the distinctive artifices of their indigenous poetic tradition. A so-called «purer» poetry resulted, in the style of Valéry, and today Jorge Guillén stands as its representative figure. Critical opinion claims that this phase constitutes a new «Golden» or «Silver Age» in Spanish verse.

However, this phase was superseded, after 1927, by an utterly changed poetic vision (except Guillén). Anguish and torment are two of its characteristics, and French surrealist doctrines played some peripheral role in its genesis. Alberti's *Sobre los ángeles* (1927-28) and Garcia Lorca's *Poeta en Nueva York,* begun in 1929, typify this third and final manifestation of the work of poets who came to prominence in Spain in the 1920s. A decade that began in glee and self-confidence for new poets ended with their lamentations and self-doubts.

II. *Three Phases: General Characteristics*

Pre 1921: Ultraísmo

This is the period known as *ultraísmo* in the history of Spanish poetry and stretches from approximately 1918 to 1921. «Ultra» was intended to signify the poets' desire to go beyond the *non plus ultra*, to surpass the as yet unsurpassed in poetic originality.

Ultraístas embraced everything that was new. They absorbed the doctrines of the Futurists from Italy and the Cubists from France, all of which had begun entering Spain at the close of the Great War in 1918. In Madrid, again in 1918, they welcomed and lionized Vicente Huidobro, the Chilean poet who called his highly original *ultraísta* theories *Creacionismo,* a doctrine that represents an antihistorical urge to begin artistic creation afresh from absolutely nothing.

Utraísta poetry is agressively up-to-date and takes delight in meditating upon scientific, industrial, commercial artifacts, (for example, the machine). In an immensely readable study of the movement, *El ultraísmo: Estudios sobre movimientos poéticos de vanguardia en España* (2nd ed., Madrid: Gredos, 1971), Gloria Videla provides us with an indispensable account of the *Ultraísta* movement in Spain, its inaccesible journals, poets, and aesthetic tendencies. She presents (pp. 29-41) a vivid portrait of Rafael Cansinos-Assens, who from his *tertulia* at the Café Colonial in Madrid, spearheaded this regeneration of Spanish Peninsular poetry, and she describes the «happenings» (e.g. «la velada Parisiana») the *ultraístas* arranged in Seville and Madrid to confound their audiences (pp. 73-88). In the present volume, Nancy Mandlove and Tim Rogers examine *ultraísta* poetic strategies.

Today we may situate the *ultraístas* within a pervasive movement of twentieth century art and thought that scorns, or deconstructs, certain essential and sacrosanct beliefs of our Western heritage: that art is a mimetic representation of superior reality (one that remains forever extrinsic to art's—inferior—structures), that art achieves intuitions and insights into an original and anterior beauty and harmony.

The *ultraístas* met with no overwhelming acclaim, their poetry appeared in little reviews (see Videla, pp. 41-65) whose life was short lived and which are now bibliographical gems (e.g., *Grecia, Cervantes, Ultra, Alfar, Horizonte).* Ortega y Gassset, in *La deshumanización del arte,* directed the full force of his critical acumen to exposing their form of artistic endeavour: it was too playful, too scornful of transcendent ideals, and totally lacking in what he termed «objective» reality. Nevertheless, Salinas, Lorca, and Alberti are definitely inspired, in certain parts of their early works, by this completely fresh breeze of *ultraísmo,* and, in our opinion, the original contributions made to Spanish poetry of Gerardo Diego (1896-), Guillermo de Torre (1900-), and the lesser known Antonio Espina (1894-) and Pedro Garfias (1901-1967) stem from these years.[2]

1921-27: A «group» proper? Or, A Period in Search of a Name?

These days we encounter no consensus of opinion on a term by which to refer—for methodological convenience—to this brilliant period in Spanish poetry. In more naive days, we called it «The Generation of 1927» and turned deaf ears on the multitude of disclaimers emanating from virtually all of this group's reputed members.[3] In 1957, Luis Cernuda claimed it should be the «Generation of 1925,» because 1925 is the halfway point in the publication of the poets' first important collections, ranging from Lorca's *Libro de poemas* (1921) to Guillén's *Cántico* (1928).[4] In 1954, Joaquín González-Muela termed it the «Generation of Guillén-Lorca,» and in 1968 Andrew Debicki decided upon the «Generation of 1924-25.» In 1981, Philip Silver (see note 1) deconstructs all assumptions underlying the formation of this «generation.» The only point of convergence we detect is a negative one: general disagreement on both dates and on the notion of a generation of Spanish poets (see Ricardo Gullón's lecture in this volume).

However, nowadays, the term «Grupo poético,» crops up frequently enough for us to refer to this period (in English) as «The Group.» Poets included under «The Poetic Group» or «The Generation of '27» rubric comprise: Pedro Salinas (1891-1951), Jorge Guillén (1893-), Federico García Lorca (1898-1936), Rafael Alberti (1902-); Luis Cernuda (1902-1963), Vicente Aleixandre (1898-); Emilio Prados (1899-1962), Manuel Altolaguirre (1905-1959); Dámaso Alonso (1898-) and Gerardo Diego (1890-). The reason literary history lumps these poets together, in our opinion, is their *initial* devotion to a pure and high-minded attitude to poetry and the poet (shortly to be discussed). But it must be emphasized, in our opinion, that the ruling aesthetic of half this «group» became other than *purist*. Gerardo Diego is at his best as an *ultraísta* (and *creacionista*). Cernuda, Aleixandre, Lorca and Alberti, for major phases of their careers, write out of surrealist affinities and sympathies; and Dámaso Alonso's authentic voice is expressed in «existential» (socio-metaphysical) poetry.

Other poets of a more surrealist vision have been included with this «Group.» José Moreno Villa (1887-1955), Juan Larrea (1895-) Juan José Domenchina (1898-1959), José María Hinojosa (1904-1936), as well as Luis Buñel (1900-) and Salvador Dalí (1904-). Painters, critics, prose writers, professors, and poets who published their work at approximately the same time have also been included as members, because of some tangential contribution to «Group» dynamics. The list of their names is extensive.[5]

The above group of friends had no leader. They met each other informally, exchanging ideas socially at *tertulias* or at the «Residencia de Estudiantes» in Madrid where some of them lived and most gathered. The work they produced constitutes a sustained outpouring of poetic talent, some of it quite brilliant and of a unique vision.

In general terms, this is a poetry that eschews what was cònsidered «non-poetic» at that time: the didactic, logical and narrative; the rhetorical, sentimental and anecdotic; the political, social and revolutionary. Unlike its immediate predecessor, *ultraísmo,* this is a work that places high value on the Hispanic poetic tradition: Gonzalo de Berceo (ca. 1190-1264), Garcilaso de la Vega (1501?-1536), Luis de Góngora (1561-1627), Lope de Vega (1562-1635), Francisco Quevedo (1580-1645), Gustavo Adolfo Bécquer (1836-1870), Rubén Darío (1867-1916), Antonio Machado (1875-1939), Juan Ramón Jiménez (1881-1958).[6] In addition, this poetry takes great interest in the extensive tradition of popular poetry in Spain, found for instance in *Cancioneros* (song-books), in the Spanish *romance* (ballad), and *cante jondo* (flamenco deepsong).

Like its immediate predecesor, it is a poetry that exalts and refines the importance of image and metaphor[7] in the creative process. However, it soon left no room for mere play. It became a disciplined poetry, concerned to unite that perfection of word and form with the intensity of a penetrating individual vision. Its practitioners were superb artisans, proud and confident, whose optimistic belief in the transcendent reach of their art sufficed them for the period.

It is a poetry that is criticized for being cerebral and for lacking in humanity. There is, without doubt, an immense—and immediately apparent—discontinuity between the poetic artifice erected by this work and the ordinary world of daily experience that surrounds us, its readers. Nevertheless, it can be read, as Professor Debicki did in *Estudios sobre poesía española contemporánea* (see note 1), and as Pat Dust does in this volume, as continuing to illuminate the more prosaic human reality that we, its 1980 readers, inhabit. Kay Sibbald and Luis Costa tackle these issues in the present volume; and Guillén himself (in, for example, «Beato sillón,») always insists that even unassuming objects of our daily world become the source the poetry.

The early works of these poets appeared in the *Revista de Occidente* 1923-26), and in numerous smaller reviews which sprang up in response to their stimulus: *La Verdad* (1923-27), *Gaceta Literaria* (1927-29), and, of shorter life, *Mediodía* (Sevilla), *Verso y Prosa* (Murcia), *Papel de Aleluyas* (Huelva), and *Litoral*

(Málaga).[8]

A few of the more ephemeral reviews—*Indice, Sí,* and
Ley,—were edited by Juan Ramón Jiménez, from whom this entire
«Group» of poets learnt much, and without whose example and
work their own trajectories would have been vastly different. He
was their literary «father» and, as in all good Freudian families,
they quarrelled with him and he with them. In retrospect, one of
the more serious disagreements he had with them, they with him,
concerned the public nature of their homage to Góngora. Elsa
Dehennin, in studying Góngora's reception by these poets,[9]
describes how a «group» of them believed that for too long
Góngora had been grossly misread and much maligned. The
«group» comprised: Salinas, Guillén, Lorca, Alberti, Alonso and
Diego; also, Melchor F. Almagro, Antonio Marichalar, José
Moreno Villa, José María Hinojosa, and Gustavo Durán. They
planned exhibitions, readings, and lectures, and announced a pro-
gram of new critical editions of Góngora's works. The principal
celebratory events took place on May 23 and 24, 1927. On May 23
the «Group» enacted an *auto da fe* in a Madrid square, in which
they consigned to the flames what they considered false and
reprehensible criticism on Góngora's work (especially Astrana
Marín's).[10] Then on the 24th, in Madrid, a dozen of them attended
a requiem mass, in the Church of the Salesas Mayores, where they
supposedly prayed for the repose of Góngora's soul.

The net result of this activity was Dámaso's edition of the
Soledades, Jose María de Cossio's of the *Romances,* and Lorca's
lecture «La imágen poética de don Luis de Góngora.» Also, Alberti
and Diego began poems in honor of Góngora, «Soledad tercera»
and «Fábula de Equis Zeda,» respectively.[11]

The period 1921-27 was an extremely productive one for
members of the «Group» and, in retrospect, Góngora, it seems to
us, left little discernible imprint.[12] On the contrary, in the literary
background of these texts, one can detect echoes of Juan Ramón
dispersed among *ultraísta* novelties. During these years Guillén
worked on *Cántico* (first published 1928); Salinas published
Presagios (1923) and worked on *Seguro Azar* (1924-28); Lorca
published *Libro de poemas* (1921), wrote *Poema del Cante Jondo*
(1921), *Canciones* (1921-24; published 1928), and *Romancero
gitano* (1924-27; published 1928); Alberti published *Marinero en
tierra* (1924) and worked on *Cal y Canto* (1926-28) Aleixandre
worked on *Ambito* (1924-27; published 1928), and Cernuda

published *Perfil del aire* (1927). Góngora, we suggest, was the firework display that capped an intensely productive and somewhat honogeneous phase in Spanish poetry. At least in retrospect, Spanish poetry after 1927 is vastly different.

Post 1927: Superrealismo? Sobrerromanticismo

After 1927, as Yeats said of another context («Easter, 1916»), all things in Spanish poetry «changed, changed utterly./A terrible beauty is born.» To specify this vision is beyond our present scope, but suffice it to say that a violence and irrationality entered the poetry. A pessimistic introspection and an anguished sense of loss are the general characteristics of poetry that, though not sentimental, becomes intensely passionate, as well as hypercritical of dominant social and political structures.

Alberti's *Sobre los ángeles* (1927-28) and *Sermones y moradas* (1929-31) show a startling change from what we see as his earlier «Group» poetry. A similar sudden swerve (see Valdés' paper in this volume) can be seen in Cernuda's *Un río, un amor* (1929), and Aleixandre's *Espadas como labios* (1931). However, we see Lorca's *Poeta en Nueva York* (begun in 1929) as the most startling manifestation of the new vision. «Vuelta de Paseo,» the first poem of *Poeta en Nueva York,* draws attention to the fracturing of the «Group» aesthetic, in our opinion, in so far as it chooses to split in two the Gongorine euphemism for a river «sierpe de cristal»:

> Asesinado por el cielo,
> entre las formas que van hacia la sierpe
> y las formas que buscan el cristal
> dejaré crecer mis cabellos.

The stimulus provided by French surrealism in the genesis of the post-1927 poetic vision is subject to intense debate,[13] and Marcia Welles' article in this volume could prove a useful starting point. Her study reveals, in our opinion, that Spanish poets of the 1920s benefitted from *ultraísmo* and surrealism, without ever abandoning their writing to the dictates of the subconscious mind.[14]

We end this brief synopsis where we began, noting that Spanish poets in the 1920s were alive to all new trends. In fact, Lorca's «dejaré crecer mis cabellos,» cited above, echoes the conclusion Eliot gave to Prufrock's «Love Song.»[15] It remains, however, a distant echo, signifying that neither Lorca, nor any other of the original Spanish poets of the decade, yielded their voices to fashion from abroad. They managed to incorporate the foreign and the new into their authentically Spanish response to this decade of immense change.

NOTES

1. We are principally indebted to Geoffrey N. Connell, *Spanish Poetry of the Grupo Poético de 1927* (Oxford: Pergamon, 1977), and to Andrew P. Debicki, *Estudios sobre poesía española contemporánea. La generación de 1924-25* (Madrid: Gredos, 1968), pp. 17-55.

We have also benefitted from: C.B. Morris, *A Generation of Spanish Poets: 1920-1936* (Cambridge: University Press, 1969); Guillermo de Torre, «Contemporary Spanish Poetry,» *Texas Quaterly,* 4 (1961), 55-65; and Philip W. Silver, «Was there a Generation of 1927?» to be published by Tamesis-Grant and Cutler as part of the proceedings of the 1980 Albany, New York, conference to honor Dámaso Alonso.

Two useful introductions are: Vicente Gaos, *Antología del grupo poético de 1927* (Madrid: Anaya, 1965), pp. 5-27; and Joaquín González-Muela's «Estudio preliminar» to J.G.M. and J. Manuel Rozas, *La generación poética de 1927* (Madrid: Alcalá, 1966), pp. 7-32.

2. In addition to these three, Gloria Videla (pp. 134 ff) comments on the *ultraísta* poetry of Juan Larrea, Adriano del Valle, Eugenio Montes, José Rivas Paniedas, Rafael Lasso de la Vega, and Isaac del Vando Villar. Also, she provides (pp. 161-66) the names of more than thirty others. (To understate the case, this field is wide open for research.) Some additional *revistas* include: *Cosmópolis, España, Grecia, Tableros, Reflector, Plural* (for further details, see Videla, pp. 41 ff).

3. See, for example, Dámaso Alonso, «Una generación poética» in *Poetas españoles contemporáneos* (Madrid: Gredos, 1965), pp. 155-77. This group has also been labelled «Generación de la dictadura» because it came into prominence during General Primo de Rivera's regime (1923-29). However, González-Muela accurately observes that «este hecho político, aunque prolongado, no ejerció mucha influencia en la poesía de la época» (J.G.M., in J.M.R. *La generación poética*, p. 7). And Vicente Gaos goes further by observing that it was a dictatorship «con la que estos poetas no tuvieron nada que ver o de la que discreparon ideológicamente» *(Antología*, p. 13).

4. See «Generación de 1925» in *Estudios sobre poesía española contemporánea* (Madrid: Guadarrama, 1957), pp. 181-220.

5. Guillermo de Torre (see note 1) gives (pp. 59-60) the names of those whom he looks on as transitional poets, whose work is not predominantly *ultraist, purist* or surrealist, but whose names are associated with «The Group.» They include: Mauricio Bacarisse (1895-1931), Ramón de Basterra, (1877-1928), Antonio Espina 1894-), Tomás Morales (1885-1921), Rafael Romero (i.e., «Alonso Quesada» 1865-1925.), and León Felipe (1884-1968). We could add to this list the names of Juan Chabás (1898-1954) and Antonio Oliver (1903-).

De Torre also observes (p. 64) that numerous prose writers were associated with «The Group» as they published their work in the same journals *(Revista de Occidente, La Gaceta Literaria)* and newspapers (*El Sol, Luz*) as the poets. They include: José Bergamín (1897-), Ernesto Giménez Caballero (1899-), Benjamín Jarnés (1888-1949), Melchor Fernández Almagro (1893-), Antonio Marichalar (1893-), Francisco Ayala (1906-), Adolfo Salazar (1890-), Esteban Salazar Chapela (1902-) and José M. Quiroga Plá (1901-).

De Torre also maintains that there is a female «Group» of poets: Concha Méndez (1900-1959), Ernestina de Champourcín (1905-); Josefina de la Torre (1907-) and Carmen Conde (1907-). There is also, in de Torre's opinion, an «Andalusian» group; Fernando Villalón (1881-1930), Rafael Porlán y Merlo (1889-1945), Rafael Laffón (1900-), Alejandro Collantes de Terán, Joaquín Romero Murube (1904-). The most often named of these is Villalón, and Rafael Alberti pays special tribute to him in *La arboleda perdida* and writes a poem on his death in *Sermones y moradas* (one of the best pieces in the collection).

6. Gabriel Miró (1879-1930) was also much admired, as Marta Altisent informed us during our colloquium. Her paper was entitled «Gabriel Miró y el grupo poético del '25.»

Gloria Videla sees Juan Ramon Jiménez as an *ultraísta* precursor, but this is not a view we choose to share.

7. See: Vicente Cabrera, *Tres poetas a la luz de la metáfora: Salinas, Aleixandre y Guillén* (Madrid: Gredos, 1975).

8. Also: *Gallo* (Granada); *Carmen* and *Lola* (Santander); *Parábola* (Burgos); *Manantial* (Segovia), *Meseta* (Valladolid). For further details, see Gerardo Diego, *Poesía española contemporánea: Antología* (1934; rept. Madrid: Taurus, 1968), pp. 576-77.

Such journals are almost impossible to find. The following have been reprinted: *Litoral* (Madrid: Turner, 1975); *Gallo* (Bacelona: Leteradura, 1977); *Carmen* (Madrid: Turner, 1977); *Verso y prosa* (Murcia: Chys. Galeria de arte, 1976). *Papel de Aleluyas* reappeared in 1980 (a facsimile reprint). It is published by «el Instituto de Estudios Onubenses, *Padre Marchena* de la Excelentísima Diputación Provincial de Huelva,» and is accompanied by a valuable, fact-filled introduction and general and onomastic index, prepared by Jacques Issorel of the University of Perpignan. The title «aleluya» (pictorical versions of the *Romances*) is explained, as well as the creation of the *revista* and its new aesthetic (a blend of old and new). Students of Spanish poetry of the 1920s are much indebted to Jacques Issorel and the Instituto «Padre Marchena» (and to all publishers prepared to reprint the *revistas* of this decade).

9.   Elsa Dehennin, *La résurgence de Góngora et la genération poétique de 1927* (Paris: Didier, 1962), especially pp. 74-78.

10.   Astrana Marín's attacks had appeared in «Los lunes del Imparcial.» Also, Dehennin (p. 85) informs us that work of the following was burned in the bonfire: Lope, Quevedo, Luzán, Moratín, Hermosilla, Campoamor, Galdós (for *Zumalacárregui);* Menéndez y Pelayo, Cotarelo y Mori, Rodríguez Marín, Cejador, Hurtado y Palencia, Fitzmaurice Kelly; Valle-Inclán, Ortega (for *Teoría de Andalucía),* Eugenio d'Ors, and Pérez de Ayala (for *Tigre Juan)!*

11.   Dehennin (p. 75) says Salinas, Guillén, and Alfonso Reyes finished their editions of the *Sonetos, Octavas,* and *Letrillas,* respectively, but would not allow them to be published. Also Gerardo Diego to honor Góngora, compiled an *Antología Poética.* (Artigas was in charge of the *Canciones, Décimas* and *Tercetos.)*

12.   J. González-Muela *(La generación poética,* p. 12) observes that: «para los del '27 es más admiración por la técnica y oficio de Góngora que otra cosa.» González-Muela's anthology can be profitably consulted for documents of the decade (see pp. 189-271).

13.   For the Lorca poem, see *Obras completas* (Madrid: Aguilar, 1978), I, p. 447. For surrealism, see Philip Silver's article (see note 1), and also Virginia Higginbotham's various articles, including «Reflejos de Lautréamont en *Poeta en Nueva York,»* *Hispanófila* 46 (1972), 59-68. See also Paul Ilie, *The Surrealist Mode in Spanish Literature* (Ann Arbor: University Press, 1968); C.B. Morris, *Surrealism and Spain: 1920-1936* (Cambridge: University Press, 1972). Vittorio Bodini's anthology of Spanish surrealists is useful: *I poeti surrealisti spagnoli* (Torino: Edinaudi, 1963). This introduction has been translated into Spanish: *Los poetas surrealistas españoles* (Barcelona: Tusquets, 1971).

14.   «Su escritura no es ni automática ni espontánea» affirms J.G.M. in *La generación poética* (p. 16).

15.   The following lines, near the end of the poem, recall Lorca's «dejaré crecer mis cabellos,» in image, rhythm and tone:

«I grow old... I grow old...
I shall wear the bottoms of my trousers rolled.

Shall I part my hair behind? do I dare to eat a peach?
I shall wear white flannel trousers, and walk upon the beach.
I have heard the mermaids singing, each to each.»

Collected Poems: 1909-1962 (London: Faber, 1963), p. 17.

RECUERDO DE LOS POETAS

Ricardo Gullón
The University of Chicago

Al dirigirles a Uds. la palabra en este momento empezaré por agradecer la córdial presentación que Salvador J. Fajardo ha hecho de un viejo profesor que dista mucho de responder a la imagen que él ha trazado de mí...Eso quisiera yo ser. Pero una cosa es querer y otra ser, de verdad. Cuando me propuso acudir a esta reunión y hablar de los poetas que llaman del 25, del 27, generación Guillén-Lorca, de la guerra civil—ah! perdón, de la república, etc, pensé que lo haría con gusto y hablaría de las personas más que de las obras, puesto que de las obras he hablado en múltiples ocasiones....
Aunque tengo que confesarles que el único libro que he destruído en mi vida, hace unos años, es un libro cuyo título ya dice por qué lo destruí. El título era «La generación poética de 1925» o «La generación española de 1925». En el momento en que decidí que era realmente escandaloso seguir llamando generación a un grupo de amigos, no tuve más remedio, para ser consecuente, que eliminar un libro escrito desde esta perspectiva. Destruí también los borradores y las múltiples tarjetas que me habían servido para escribirlo.
De modo que voy a hablar partiendo de cero. Ese cero necesariamente tiene que ser autobiográfico; yo he conocido y tratado mucho a algunos de los miembros de este grupo. Han sido amigos míos también, aunque yo era más joven que ellos.
La primera persona que conocí del grupo fue Gerardo Diego. Gerardo Diego en el año 1932 publicó una antología de la poesía española contemporánea claramente partidista, en la que estaban muchos de los mejores poetas jóvenes de entonces, junto con

algunos maduros y excluyó a otros poetas importantes también, causándoles grave daño pues desde entonces han sido dados de lado. En una revista que se llamó *Boletín último* pues pensábamos que sería la última hoja de la vanguardia, en el número uno y único de esta revista (por falta de dinero no se publicó más que un número y sólo tuvo un suscritor que se llamó Juan Ramón Jiménez), hice una defensa de la antología de Gerardo; volvería a hacerla hoy porque era una gran antología de los incluidos en ella, aunque las exclusiones de Domenchina, de Bacarisse y de Antonio Espina me parecieron mal entonces y hoy—visto lo que ha seguido ocurriendo—me parecen escandalosas. (Quizá por contacto con los más jovenes y de alguien muy cercano a mí que me decía, «¿Cómo es posible que en este libro falte uno de los poetas más interesantes, Antonio Espina?) Y esta es la cuestión, ¿cómo es posible que Antonio Espina y Juan José Domenchina fueran silenciados y que Espina tuviera que titular uno de sus últimos libros *El alma Garibay* ya que efectivamente no estaba en ninguna parte, ni en este grupo, ni en aquél, ni en el otro? Acudiendo a las consabidas generaciones, no estaba en la del 98, ni en la del 25, ni en la del 36, ni en la del 50. No estaba; sencillamente. Y como el «alma de Garibay» flota por los espacios etéreos. Pero sí está su obra, *Signario,* por ejemplo, uno de los libros más innovadores de la vanguardia española; ahí está, esperando que alguien lo revindique, y diga cuanto hay que decir del gran escritor en prosa y verso que fue Antonio Espina.

Ahi está esperando también Juan José Domenchina. Acabo de ver un libro sobre él publicado es España, pero aún es preciso que se le estudie como el buen poeta que fue cuando la corporeidad de lo abstracto en sus manos adquiría cuerpo o cuando escribía los desgarradores poemas del destierro, tan buenos, y tan perfectamente comparables a los producidos por los poetas de que aquí voy a hablar.

Y después de referirme a estos hechos, no les sorprenderá que yo crea que hoy es absolutamente falto de sentido hablar de generación del '27. Y no lo creo yo sólo; antes de salir de Madrid, hace aproximandamente un mes, leí unas declaraciones de Gerardo Diego en las que confesaba que nunca había existido tal generación. Muy bien. Después de esto, ya en Estados Unidos fui al simposio de Albany y allí oí públicamente, como ustedes me están oyendo ahora a mí, oí decir a Dámaso Alonso, «no existe, tal generación; eramos un grupo de amigos; nos unía la amistad», y yo me permito añadir: y a los no amigos los dejaban fuera. Grandes poetas sí, pero también un grupo, y no sólo un grupo de amigos, sino un grupo de presión cuyos resultados ya se ven en el desconociento que hoy padece la obra de Domenchina, la de Espina..., y el merecido conocimiento de los incluidos en el grupo; los poetas que viajan a Sevilla.

El mito de las generaciones ha sido, a mi juicio, dañino para la crítica de lengua española. El atraso de esta crítica, que me parece evidente, se debe en parte a que damos por buenos mitos así. Teníamos ya un mito de la generación del 98, ahora tenemos el de la generación del 25, o del 27, y pronto tendremos los de la generación del 36, del 50, etc. Se escribirá la historia literaria y se hará la crítica literaria sobre estos mitos en lugar de hacerla seriamente sobre los textos, por el análisis y la valoración que estos impongan. Sin embargo hay síntomas, aunque Uds. todavía no los adviertan, muy esperanzadores. El año pasado fui a dar una conferencia en Alicante. A última hora me sugirieron que expusiera un tema susceptible de discusión. Pareciéndome que sería tema polémico el de la inexistencia de la generación del 98, lo propuse y lo expuse. Pues no hubo discusión, porque los cinco profesores, (ninguno mayor de treinta y cinco años), que me acompañaron en la llamada mesa redonda, estuvieron de acuerdo en que la tal generación es lo que es, una invención de Gabriel Maura y de Azorín; pero una invención que ha causado gran retraso en la crítica literaria española en relación con lo que se podría haber hecho si se hubiera estudiado a Unamuno o a Machado, como tendrán que estudiarlo los jóvenes, olvidándose de distraciones como ésta.

Es muy esperanzador, por lo menos para mí, lo que oí en Alicante. Confío en que podremos asistir a un auténtico renacimiento de la crítica. Podremos, a condición (una condición sumamente sencilla en apariencia), de recordar lo que hace muchos años escribía Jose Martí, nada menos que Jose Martí cuando recomendaba desconfiar de esos noveleros—se refería al Continente y a las islas de la América hispana—que cada día están esperando la llegada de las novedades de Paris para adoptar inmediatamente las formas y los gustos ajenos y escribir según la última moda de Europa. Algo así está ocurriendo ahora, y no sólo en las novelas y novelerías sino también evidentemente en la crítica. Y por muy de prisa que llegue la moda de Paris a los Estados Unidos, siempre será, como dice Pepe Hierro, la moda de hace un día.

Y ya es hora de que, cerrado el preámbulo, les hable a ustedes de los poetas. Decía que Gerardo Diego es el primero a quien conocí; Gerardo es hombre extremadamente silencioso, inteligente y bueno. La bondad, evidentemente, se valora más a medida que pasan los años. Yo tengo muchos y valoro en extremo la gran calidad humana, entrañable, de Gerardo. Gerardo el silencioso, muy al contrario del gran hablador ibérico, tipo Unamuno. Una tarde con Unamuno—puedo confiárselo a ustedes— implicaba el que don Miguel pudiera decir lo que quisiera a un interlocutor casi siempre callado. Yo pasé con Unamuno cuatro horas una tarde de 1935, paseando desde la redaccion de *Revista de Occidente* a los altos del Hipódromo y volviendo hasta el Café de Recoletos. En esas cuatro horas Don Miguel me dejó decir «sí», «no» y «huh huh». Eso no ocurre con Gerardo; con Gerardo es el silencio, pero el silencio de oro, silencio reposado, silencio del tímido que de pronto estalla y a borbotones, a chorro deja escapar ideas, palabras expresiones felicísimas. Gerardo puede tener mucha gracia, como lo demostró cuando publicó *Lola*, la revista compañera de *Carmen*. Aquellos versillos dedicados a don José Ortega y Gasset, el «espectador» por excelencia, que en pluma de Gerardo se convertía en «el espectorador», no podían ser más graciosos. Don José había hablado de los poetas que salivan su poemilla y Gerardo escribió ¿y con qué se hace el folletón, sino con rimel y con saliva?...Gerardo ha sido, creo yo, uno de los impulsores del grupo, porque dentro de su silencio es un hombre de gran espíritu, aventurero a su modo, de notable persistencia en el trabajo, oidor—aquí viene bien la palabra clásica castellana— oidor más que conversador, pero oidor paciente y prolongado. Gerardo, digo, oyendo impulsaba. Los acontecimientos en torno al centerario de Góngora en realidad los puso en marcha Gerardo, que fue, en cierto modo, el motor del grupo.

Y al mismo tiempo que Gerardo yo diría que otro de los grandes impulsores del grupo fue Pedro Salinas. Salinas era una figura de enorme simpatía, de cordialidad humana tan singular que aun a los que eramos jóvenes, y no eramos nada, nos producía la impresión de que podíamos tratarlo, y lo tratábamos, como amigo. Es decir, no había entre él y nosotros la barrera que alza no tanto la edad como el respeto. Respeto a aquellos conocimientos increibles de la literatura española que tenía Salinas, diré que acaso sólo los he visto igualados, tal vez superados, por José Fernández Montesinos, a quien algunos de ustedes habrán conocido. Salinas lo sabía todo; no sólo la literatura que se enseña en las universidades, sino que—e imagino que esto es un rasgo de edad, porque Angel del Río, ligeramente más joven, hacía lo mismo, practicaba lo mismo—la literatura que no se lee en las universidades, la literatura que tiene gracia, la literatura popular, el género chico, el cuplé...Pedro Salinas lo mismo podía contar una historieta que cantarla; y nunca, cosa que yo he admirado mucho en él, nunca fue con los jóvenes el maestro que estuviera impartiendo una lección fuera de la clase. No. Fuera de la clase era un amigo más, un hombre que hablaba de cosas literarias, si venían rodadas, pero no para aleccionar sino para facilitar la información que se presenta en el momento y hace al caso. Como su amigo entrañable, Jorge Guillén, tenía un ingenio extraordinario, era hombre ocurrente.

Entraré en el humor de Jorge Guillén con una anécdota muy reveladora. Contaba que, en Sevilla, durante la guerra civil española, un amigo suyo se le acercaba y le decía: «Viva la muerte...natural». Se dan cuenta de que el general Millán Astray dio un «¡Viva la muerte!» siniestro y terrible, en la universidad de Salamanca, octubre 1936, Guillén le corrige muy bien: «Viva la muerte...natural.» Y ese es un grito que por desgracia sigue teniendo actualidad en el mundo en que vivimos. La concomitancia entre Salinas y Guillén tal vez depende de que sus relaciones empiezan muy pronto, empiezan desde jóvenes, y es posible que influya el hecho de ser los dos castellanos. (Un poeta cuyo nombre callaré sostiene la peregrina teoría de que en España sólo hay poetas desde el Tajo hacia el mar del Sur. Lo cual naturalmente excluiría a Salinas, a Guillén, a Diego.) Creo que no es el castellanismo, sino la simpatía y el humor lo que de verdad los une. ¿De dónde es el ingenio de Salinas? Fácil respuesta: netamente castizo, madrileño. ¿Y el de Guillén? Yo no sabría radicarlo en un sitio preciso..., aunque tal vez él diga que es de Valladolid y del Campo Grande. (Después de todo, de Valladolid era Zorrilla y tenía buenos rasgos de humor, como el de escribir el *Tenorio*.) Digamos que es un ingenio universal por naturaleza.

A Gerardo y a Salinas les conocí antes de la guerra. A Salinas no lo tuve como maestro; no fui discípulo suyo en la universidad; cuando le conocí, yo había ganado oposiciones, pertenecía a la carrera fiscal y estaba destinado en Soria, donde había ido—se lo confieso a ustedes—porque Soria me parecía una ciudad de poetas, y pensaba yo, a ver si por ósmosis, verdad...En Soria había vivido don Antonio Machado, había vivido Bécquer, había vivido Gerardo Diego. Uno de los libros más bellos de Diego es precisamente

Soria y el poema «Tejados de Soria» me hacía mirar por la ventana del Hotel por si conseguía ver en aquellos tejados alguna imagen que a Gerardo se le escapara. No, no había mas que gatos. Vuelvo atrás. A él y a Salinas les conocí antes de la guerra; en la guerra desaparecieron; Gerardo estuvo en la zona franquista, y Salinas abandonó en seguida España y vino a los Estados Unidos. Guillén estaba en la zona franquista, en Sevilla—yo en este momento no le conocía. Antes de la guerra había conocido también a Manolito Altolaguirre...Manolito, fíjense; digo Manolito, y no es que mi amistad con él fuese grande, sino que Manolito, sobre ser el más joven del grupo, y tal vez el más abierto y el más simpático, era el más cercano a mí en edad. Estaba casado con Concha Méndez a la que también suelen excluir del grupo; bien podrían dejarla en él. Tenían en la calle de Viriato una pequeña imprenta en donde trabajaban ellos mismos; hacían a mano aquellos preciosos libros de la colección *Héroe* donde publicaron Emilio Prados, Luis Felipe Vivanco, Germán Bleiberg, Juan Panero, dando paso a la gente de mi edad, a las gentes de mi promoción. Esto le hacia sumamente atractivo para los jóvenes. Recuerdo que mi amistad con él empezó por un artículo mío publicado en una revista literaria de vida efímera que se llamó *Brújula*, revista de vanguardia; allí hice algunos pinitos críticos, publicando un texto muy elogioso sobre el libro de Altolaguirre *Soledades juntas*.

Pero la guerra llega y en ese momento veo a Rafael Alberti muy militante, vestido con mono, aunque no azul sino blanco, y pistola al cinto. A mí me parecía que la guerra era demasiado horrible para que uno, además un poeta, circulara por Madrid luciendo pistola; ya bastantes la llevaban. No es entonces cuando mi relación con Alberti cristaliza. Bastante más tarde, en ocasión de un viaje a Buenos Aires, muchos años después de terminar la guerra, en la Sociedad de escritores de Buenos Aires donde yo daba una conferencia vi, sentado frente a mí, a un Alberti muy cambiado. Hablamos mucho ese día y los sucesivos. Más abierto y más cordial que nunca, vivía el destierro escribiendo y pintando. Sus pinturas, a las que no concedía mayor importancia, se vendían bien y tenían, según me dijo, una cierta clientela asegurada. Alberti es gracioso, andaluz de buen humor, y cosa importante para mí que soy juanramoniano, no hablaba mal de Juan Ramón, sino bien, con afecto y admiración. Me invitó a cenar en su casa, pidiéndome que acudiera antes que los demás invitados para que pudiéramos charlar largamente; de España claro. María Teresa llegó con amigos: venían de ver una película rusa. La conocía desde antes de casarse con Alberti. Era entonces mujer de Gonzalo Sebastián, Chalo Sebastián, que sirviendo como soldado, en Zaragoza, a las órdenes del coronel León, la conoció y se casó con ella.

Alberti puso en sus primeros libros las vivencias más entrañables; en *Marinero en tierra* y en *El alba del alhelí* el Alberti juguetón, fino, lleno de humor, capaz de reírse de su propia sombra; el de *Sobre los ángeles* es el Alberti que yo he leído y leo con no disminuida admiración.

Si yo tuviera que hablar, como he escrito en alguna ocasión, de la peculiaridad crítica de los grupos de escritores con quienes he convivido, o dicho más exactamente de la peculiaridad personal más que crítica de esos grupos, diría que en el llegado a la escena después del llamado «del 27», veo reforzado lo que acaso en este ya se daba: simpatía, cordialidad, afección, etc. Pero, además, en quienes vienen luego (Rosales, Ridruejo, Panero, Vivanco) mayor amplitud de criterio reflejada en la acogida generosa hacia los diferentes. Abrir las puertas de las revistas, de las editoriales, de los sitios donde los jóvenes quieren llegar. Un prosista que hoy se está revelando como poeta, representa esa apertura. Sin yo suscribir lo que ahora dicen algunos, la opinión de que Bergamín es el mejor poeta del grupo, sí creo que es un poeta interesante. José Bergamín fue el primero en abrir a los jóvenes las páginas de *Cruz y Raya.* Las abrió, cosa importante, porque era difícil en aquella época forzar las puertas de las grandes revistas. Y la toma de posición de los jóvenes respecto al grupo dependió de que se inclinaran a una o a otra de esas revistas: unas de intención y contenido político social, como *Octubre,* y en parte *Caballo verde para la poesía;* otras, *Revista de Occidente,* dirigida por Ortega, y *Cruz y Raya,* cultural en sentido amplio la primera, y más precisamente literaria la segunda.

En *Caballo verde para la poesía,* regida por Neruda, operó la generosidad, con esta sola condición: que uno pensara como pensaba el director. Neruda llega en su momento, años anteriores a la guerra, y es recibido por algunos poetas como «un hermano» (espero se me diculpe la hipérbole, admitiendo la fraternidad poética como una metáfora), y por los más jóvenes como maestro. En la recepción extremadamente cordial que se le hizo cuando llegó a Madrid, y el homenaje que los poetas le dedicaron, se asociaron a Diego, Salinas, Guillén, etc., poetas que entonces se daban a conocer en las series de Altolaguirre a que me he referido antes; Vivanco, los Panero... Empieza la fusión de las generaciones biológicas, cosa distinta de lo que llaman generaciones literarias. En el año 1932 llega Miguel Hernández a Madrid, y llega su poesía. Persona y obra de alguna manera se incorporaron a los mayores. Juan Ramón Jiménez lo recibe con entusiasmo llamádole «el extraordinario muchacho de Orihuela»; quien primero le publica es José Bergamín, y a continuación la *Revista de Occidente,* donde el más incorruptible y severo de los directores (perdón, no director), de los secretarios de revista que he conocido, Fernando Vela, se entrega sin reservas. Vela era el amigo de Jorge Guillén, a quien este dirigió la carta sobre la poesía pura que apareció en la misma *Revista.* Cuando Salinas publica *Los cuatro vientos,* reserva espacio por lo menos para uno de los jóvenes, para Luis Felipe Vivanco. En una de sus Hojas sueltas Juan Ramón Jiménez apuntó que esta promoción de los jóvenes se debía a su elogio de los maduros, fenómeno natural pues los sentían como maestros inmediatos, como personas de quienes habían recibido, no sé si decir una antorcha como en los juegos olímpicos, pero en todo caso una inspiración que debía reflejarse en sus obras, aunque con distinto resultado. En *Los cuatro vientos* se reunen las tres edades de la poesía española anterior a la guerra. La encauzan Guillén y Salinas; ellos tenían la responsibilidad de la selección de originales; colaboran Unamuno y Juan Ramón Jiménez, es decir Juan Ramón no colabora porque se niega a hacerlo al enterarse de que su aportación, destinada a encabezar un número, había sido pospuesta por una de Unamuno, y no porque no creyera que don Miguel, por edad y circunstancias no merecía ser el primero, sino porque pensaba que se le había pedido la colaboración a Unamuno para relegarle a él a segundo lugar.

Después de la guerra conozco a Dámaso Alonso. Lo conozco y debo decir, quedo cautivado por el hechizo personal de Dámaso. Ese hombre que constantemente se autodenigra, se llama monstruo y feo y cosas así, es de un encanto personal que no cede o no cedía al de Salinas. A Dámaso le empecé a oir en aquellas conferencias que le han hecho famoso como maestro del género. Aquella maravillosa «representación» sobre la Celestina que creo le oí en el año 1942...Luego el cursillo en la Universidad Internacional sobre San Juan de la Cruz, el año siguiente o dos años después. El Dámaso poeta en aquel momento era el autor de *Poemas puros y poemillas de la ciudad,* y de algunos poemas sueltos. Al Dámaso, erudito, autor del libro extraordinario sobre el lenguaje poético de

Góngora, le tenía gran admiración, pero le veía remoto. Entonces me encontré con que no había en toda la «España liberada»—así se llamaba España entonces—nadie con quien beber un vaso de vino más agradablemente que con Dámaso, y sigo creyendo que es así. Porque acabo de beberlo. Y he aquí que Dámaso, ese Dámaso, se arranca con dos libros simultáneos, en 1944: *Oscura noticia* e *Hijos de la ira.* Yo he dicho que no venía aquí a hacer crítica. He escrito un ensayo largo sobre Dámaso y pueden verlo si tal cosa les interesa. Si quiero recordar el sentimiento de estupefacción que a los que vivíamos en la España imperial de 1944 nos produjo el que de pronto irrumpiera, en plena era del garcilasismo, de los cantos a Isabel la Católica, al Imperio, a los museos, a los muchachos que se habían ido a los luceros, y desde allí nos estaban contemplando; de pronto—digo—a eso le sucedieron los poemas de *Hijos de la ira:* la mujer con alcuza, los insectos, el Madrid de un millón de cadaveres. Esas imágenes nos mostraron al otro Dámaso, y así se demuestra en mi artículo; el otro, éste con quien he estado bebiendo ayer, dos y el mismo que trasmuta esas cosas y sabe convertirlas en poesía...¡y en qué poesia! En una poesía en que se había inventado una palabra. Una palabra extraordinaria.

Nos había seducido la palabra exacta de Guillén, nos sedujo hasta el punto de que algunos de los jóvenes leía *Cántico* todas las noches, como si fuera su libro de oraciones, y naturalmente se lo sabía de memoria. Mauricio Molho, el erudito profesor de la Sorbona, ha dicho hace muchos años, veinticinco o así, cómo estallaron los poemas admirables de *Cántico.* Aquella concentración y condensación de la palabra poética, tan única en aquel momento, salvo en el mejor Juan Ramón. Pues una sorpresa, como la causada por *Cántico,* fue la del libro de Dámaso, que se publicó en una edición de quinientos ejemplares nada más. Libro que transformó lo que se estaba haciendo entonces en España. Recuerden que España era casi un desierto intelectual; habíamos perdido a Machado, a Unamuno, a Valle Inclán. Que Juan Ramón Jiménez no estaba, ni se le podía leer en aquel entonces; asesinados otros a quienes luego me referiré. En el exilio vivían Salinas, Guillén, Cernuda, Altolaguirre, Emilio Prados, Domenchina, y en la cárcel, creo que fue el único de los poetas de esa edad que estuvo en la cárcel, Antonio Espina. Pues bien, al aparecer *Hijos de la ira,* fue como si en un lugar donde todo son convencionalismos, frases que se dicen de común acuerdo; donde hay que cantar a la rosa y a los tres Reyes Magos, y a veces hasta a Franco, irrumpiera la verdad desnuda.

Entraba el aire de la calle, entraba el aire puro, entraba la vieja con
alcuza, y viajábamos en un tren que se bamboleaba, un tren que en
cualquier momento podria descarrilar; tren de nuestra vida, de
nuestra existencia, de nuestro país. Le dedicó a Emilio García
Gómez su libro, diciéndole: «A Emilio García Gómez. Por su
amistad: Gracias». Pues a Dámaso yo tendría que decirle «A
Dámaso, por su amistad: gracias». Siento por Dámaso, una
especial ternura; una ternura como la que me produce Jorge
Guillén.
    Maravilloso Jorge que ha cumplido ochenta y siete años y con-
serva una animación y una vitalidad extraordinarias. No puedo
resistir el deseo de contarles a ustedes algo que hace dos años he
presenciado. Hace dos años, hallándose en un sanatorio, en
Madrid, calle de Juan Bravo, fui a verle. Irene, su mujer,
aprovechando mi llegada dijo: «Ahora voy a la peluquería; ¿va a
estar un rato?» Yo dije: «Sí, voy a quedarme aquí hasta que usted
regrese.» En ese tiempo, conversando, cuidé de hablar más que él
para que no se cansara. En esto entra una monja que parecía
sacada de una fantasia del Marques de Sade. Digo, por lo atractiva;
una monja guapísima. Me acordé de aquella Sor Pilar, la aragonesa
de quien se enamoró Juan Ramón Jiménez en el Sanatorio del
Rosario—que él llamaba Sanatorio del Retraído. Bueno. Vuelvo a
Guillén. Entra esa monja que viene a ponerle una inyección. A
Jorge—perdonen el vulgarismo—se le caía la baba, y a mí también.
Me dice, «Ha visto que guapa está...». «Sí, sí, pero ¡Caramba!
¡que entusiasmo!» Y el poeta advierte: «Mire, no es que yo sea un
viejo verde, es que soy heterosexual!» Con Guillén he tenido una
vinculación entrañable. No voy a insistir. El más extraordinario y
excepcional poeta de su generación es Guillén. A él debemos esa ad-
mirable lección de vitalidad que supone que a los ochenta y siete
años pueda decir lo que les acabo de contar. La lectura de *Cántico*
nos ha enseñado cómo un gran poeta puede—y quizá debe—ir contra corriente. En un mundo y en un tiempo en que las palabras
clave fueron «desesperación», «angustia», «alienación», «busca de
identidad», en que la injusticia y el horror que nos rodean le afectó
dramáticamente, siempre supo abrirse al optimismo; siempre
mostró una confianza en el hombre que quizá no está justificada,
pero sin ella ¿cómo podríamos seguir viviendo? Guillén le dio esa
esperanza a la gente de mi edad y sigue dándola a los jóvenes. Y es
que hay algo más que «angustia» y «desesperación»: «el mundo
está bien hecho». No el mundo de lo social; sí el mundo de lo

natural. ¿Quién, qué poeta no siendo Guillén se ha atrevido a decir que el mundo está bien hecho?...Y lo está. Las rosas, las mujeres, las brisas y el mar, qué sé yo, lo que la vida ofrece, y gratuitamente, es maravilloso. Y esa lección es la lección exaltada del *Cántico* de Jorge Guillén. De Cernuda no se puede decir esto que digo de Guillén. No, no, no. Las relaciones con Cernuda, al menos en mi experiencia, eran complicadas. Yo escribí un libro, un librito, titulado *La poesía de Luis Cernuda*. Intenté publicarlo en España, en Santander, en una colección que dirigían José Hierro, Victor Corujedo, y Aurelio Cantalapiedra. Se imprimió, pues parecía que no tendría problemas de censura. Pero los tuvo; después de componerlo, y poco menos que impreso, en segundas pruebas, lo prohibió la censura desde Madrid y nunca supimos por qué lo prohibía. Suponía yo que podía ser por una confusión de Cernuda con Neruda, o algo así, ¿verdad? Ahora, aunque destruída gran parte de los archivos de la censura, algunos se conservan en Alcalá de Henares. Un profesor español llamado Aragón encontró el expediente de censura de mi librito y descubrió quién y cómo se opuso a la publicación del tomito. Quien lo calificó negativamente diciendo que Cernuda era rojo y uranista (lo que es una cursilería), fue Pedro de Lorenzo, un escritor, novelista y periodista.

Pues bien. Cernuda no era tan rojo como él creía. Cierto que un tiempo había pertenecido al partido comunista, pero eso duró poco. Cernuda se enteró en México de que yo había escrito sobre él en *Asomante*, de Puerto Rico, y cortés como era, me escribió. Le contesté y se entabló una correspondencia cordial. Me hizo algunas objeciones, sobre todo en lo referente a la influencia que yo suponía que en su primer libro había ejercido Guillén. Esto parecía obvio, empezando por el título, *Perfil del aire,* ¿verdad? Podrá ser lopesco, pero lopesco a través de Guillén. Durante un par de años la corespondencia se mantuvo. En un momento dado, estando él de profesor en Mount Holyoke, recibí una carta—que he publicado—donde me sugería la posibilidad de ocupar allí el puesto que él se proponía abandonar. Las relaciones, pues, eran cordiales, pero andando los años, por un choque suyo con Juan Ramón Jiménez, publicó un artículo muy violento contra el poeta, al morir éste, y contesté desde Puerto Rico con un artículo también duro. Sobre todo duro porque al hablar de Cernuda, puesto que él a Juan Ramón le llamaba «Jiménez», yo le citaba como «el susodicho literato».

En el año 1963 fui de profesor visitante a UCLA. Estoy en un pasillo hablando con el profesor Silverman, hoy Provost de Santa Cruz, y me dice: «Mire, ¿sabe usted quién es ese?» Miro, y veo un viejito que camina arrastrando los pies, vestido de gris: «No, no sé quién es». «Es Cernuda». Me acerqué y le saludé: «Pase a mi oficina». Pasamos y, mal comienzo; no sé cómo, nada más empezar la conversación surgió el nombre de Emilio Prados—yo había estado en México con Emilio Prados. Cernuda lanzó gran ataque contra Prados, que siempre le había aludido con mucho cariño. Hubo que cortar la conversación, porque en seguida habló mal de Leopoldo Panero y de su mujer. Puedo pasar que se hable mal de la obra y hasta de la persona de un amigo, aunque me desagrada, pero caballero español que me sentía, cuando atacó a la mujer de Leopoldo le dije: «Pero yo tenía entendido que usted iba a comer con ellos todos los domingos.» No acabo de entender cómo uno da patadas a quien le ha invitado a comer, patadas por debajo de la misma mesa en que está comiendo.

El hecho es que las relaciones con Cernuda no fueron tan buenas como pudieron ser y tal vez tuve parte de la culpa. Un día con gran secreto me dijo que tenía que hacerme una consulta. Entramos en su oficina y cerró la puerta; explicó que Eduardo Toda, cónsul de España en Los Angeles, le había invitado a comer. Sabía que yo estaba invitado con él, con Manolo Alvar y con otro profesor español cuyo nombre no recuerdo ahora. Me preguntó si yo pensaba ir, porque eso de ir a comer con el consul de Franco...Respondí: «No es el cónsul de Franco, sino el cónsul de España. Es un escritor además; un periodista, un hombre simpático, y tiene un gran cocinera valenciana.» Y Cernuda, «Sí, claro, pero políticamente...yo tengo dudas.» Un poco harto le dije: «Mire Cernuda, si yo que soy de izquierdas puedo ir, no me diga que usted que es de derechas no puede.» En aquellos momentos me parecía sumamente conservador. Luego me arrepentí de haberle dicho nada, porque aquél Cernuda era un Cernuda muy triste, un Cernuda enfermo. De hecho, murió poco después, habiendo perdido su último amor.

No hace mucho se publicaron en cierta revista unas cartas de Cernuda en las que ataca a Guillén, a los buenos amigos del Departamento de Español de UCLA., y me alude despectivamente. Dice algo así como esto: por aquí va a venir un tal Gullón; dando a entender que no sabe quién es. Yo no contesté a esto, pero sí publiqué fragmentos de siete cartas suyas, que por su tono y su contenido daban a entender una actitud muy distinta...Me doy cuenta de que llevo hablando mucho tiempo; pasa el tiempo muy de prisa. Apenas si mencioné de paso a Emilio Prados. Hasta conocerlo, yo solo creía en el ángel de don Eugenio d'Ors. (Don Eugenio tenía en su casa de la calle del Sacramento número uno, donde vivía, el enorme ángel de Federico Marés, y en ese sí creía; también, por influencia de don Eugenio sé que sólo se puede hablar de los ángeles en serio. Para luchar con el demonio no basta un angelito con solo cabeza y alas, algo más se necesitará). Pues bien, el ángel de verdad entre los poetas, pues de naturaleza angelical era, no fué otro que Emilio Prados. No sé por qué Emilio está ocupando en su grupo una posición subordinada, cuando en mi opinión habría que situarle junto a los poetas más importantes de su tiempo.

Me acerco al final y hasta hora no he mencionado el nombre de Federico García Lorca. Es difícil hablar de Federico por tanto como ya se ha escrito sobre él. Dos grandes industrias prosperan en España alrededor de los poetas—alrededor de los prosistas más—;dos grandes industrias, una en relación con Miguel Hernández, la otra en relación con Federico. Le avergüenza a uno incorporarse a esta industria que ha llegado a términos bochornosos de superchería y de falsificación. De Federico diré esto: a los jóvenes, a los entonces jóvenes, por ejemplo a los asistentes a la tertulia del Lyon: Luis Felipe Vivanco, Luis Rosales, los Panero, Waldo Rico (muertos en la guerra Juan Panero y Waldo Rico), y yo mismo; tertulia que se reunía al otro lado del café en que estuvo, años despueś de la guerra la de Antonio Rodríguez Moñino. Allí, conversábamos y discutíamos. Yo, cuando iba de Soria a Madrid, recalaba entre los amigos citados. Cada dos semanas solía pasar en Madrid cuatro o cinco días y a la tertulia no se podía faltar. Federico tenía su tertulia en el sótano del Lyon, en un lugar llamado «A la ballena alegre», donde la tenía también José Antonio Primo de Rivera. Pues bien, Federico casi no pasó una vez por allí que no se acercara a la tertulia de los jóvenes para gastar una broma, decir algo, sonreir por lo menos, hacer un gesto de amistad. Fundamentalmente, claro, hacia Luis Rosales, granadino como él, y amigo entrañable. Sin esa amistad, y si no se hubiera creído seguro en casa de Rosales, en Granada, no se habría refugiado en ella al comienzo de la guerra civil. Hay algo de ese momento que voy a contar, precisamente porque no lo he visto recogido por la industria cultural. Es algo que me contó la hermana de Luis, Esperanza Rosales, la después mujer de Enrique Frax, otro buen granadino ya muerto. Esperanza me contó esto: Federico estaba en casa de los Rosales porque un hermano suyo era falangista, con importante cargo en la Falange de Granada. Ese hermano, de cuyo nombre no me acuerdo (sí me acuerdo de que era albino) había marchado al frente y Luis con él. Sólo quedaban en Granada el padre, comerciante, y el hijo mayor, comerciante también. Los otros hermanos eran combatientes. Conducido por Ramón Ruiz Alonso, antiguo diputado de la CEDA, la Confederación Española de Derechas Autónomas, un hombre a quien José Antonio Primo de Rivera llamaba el obrero amaestrado, un contingente numeroso de la guardia civil cercó la casa. Llamaron, y allí estaba Federico. Lo detuvieron por orden del teniente coronel Valdés, gobernador franquista de Granada. Tenían órdenes de llevárselo y se lo llevaron. Antes la madre de Luis Rosales (familia muy religiosa: una hija monja) le dijo a Federico: «Federico, antes de ir con estos señores, rézale una Salve a Nuestra Señora de las Angustias». Federico no recordaba la Salve; rezó un Ave María a la Virgen. Yo estoy seguro, porque después de todo aunque mal católico, católico soy; estoy seguro de que este Ave María llevó a Federico al cielo en el que el creía. En el cielo de su gloria encontraría poetas que le acogerían como quien era. Pero su cielo es algo aparte. Por eso yo, como quien le pone en un nicho reservado y único he dejado para el final lo que tenía que decir de él, después de hablar de tantos de sus amigos entrañables.

LA EXPRESION VITAL:
JORGE GUILLEN Y JOSE ORTEGA Y GASSET

Luis F. Costa
Texas A & M University

Sorprende al estudiar la bibliografía sobre Jorge Guillén la ausencia de un nombre, el de don José Ortega y Gasset. Entre más de trescientos títulos que recoge la bibliografía de Oreste Macrì, ni una sola vez se menciona al filósofo.[1] Nos sorprende porque tan patente como es su ausencia de estos títulos, lo es su presencia en la poesía de don Jorge. Entiéndase que, de vez en cuando, el nombre de Ortega aparece mencionado entre las páginas de algún ensayo, pero casi exclusivamente vinculado a *La deshumanización del arte*, libro que se presta mal al estudio de la poesía, y en particular al de la poesía de Guillén, como veremos oportunamente. Nos sorprende también, porque la amistad de Ortega con Guillén[2]—así como con Salinas y otros poetas del grupo— es un hecho bien documentado, y quedan además todavía muchos críticos que convivieron con ellos y fueron a su vez parte de aquel núcleo orteguiano. Posiblemente, este hueco en los estudios sobre la generación se deba a un cierto reparo a mezclar poesía y pensamiento, un último eco de aquel dicho de Machado de que «el intelecto no canta». A ello podríamos contestar con una frase de Juan de Mairena en 1936: «Todo poeta supone una metafísica; acaso cada poema debiera tener la suya». Guillén mismo alude a que en el poeta se observa siempre una metafísica, es decir, una manera de ver y comprender el mundo,[3] credo que fue en su tiempo plenamente asumido también por los poetas del Simbolismo.

Este ensayo, que no es más que el esbozo de un proyecto mucho más amplio, va a limitarse a desarrollar someramente la relación entre dos conceptos de Ortega, tal como aparecen en sus escritos durante las primera décadas del siglo, con la poesía de don Jorge Guillén. Estos conceptos son: «Yo soy yo y mi circunstancia» y «razón vital». Nos proponemos mostrar que efectivamente hay materia aquí para mucho estudio;[4] que sólo integrando el pensamiento de Ortega a la obra de Guillén, es decir, planteándonosla en un contexto más ampliamente filosófico, vamos a lograr establecer de una vez para siempre en qué radica su singular unidad y, por último, y sólo de refilón, cómo la poesía de Guillén lejos de ser una poesía «deshumanizada» es, en efecto, la máxima expresión de una poesía humanizante, tal como la vería Ortega hoy día.

Antes de comenzar, sin embargo, hemos de reconocer nuestra deuda para con tres escritores en particular: el profesor Philip Silver, cuyo ensayo «La estética de Ortega y la generación de 1927», junto con otros trabajos suyos sobre Ortega dieron impulso a lo que hasta su lectura eran sólo vagas intuiciones nuestras (ya en 1971 el profesor Silver argüía que lejos de buscar las raíces de la poesía Salinas-Guillén en Valéry y los poetas simbolistas franceses, con más provecho debiéramos buscarlas en la obra de Ortega[5]); don Julián Marías, cuyos comentarios fueron nuestra iniciación a Ortega[6]; y, más recientemente, la persona y la obra de Ciriaco Morón-Arroyo, modelo de ingenio y rigor.[7]

Establecer la relación Ortega-Guillén se impone hoy por múltiples razones, entre las cuales podríamos destacar las siguientes: 1) A nuestro ver, se ha insistido en demasía sobre los vínculos entre la poesía de Jorge Guillén y la poesía simbolista francesa, lo que ha desenfocado un tanto ciertas perspectivas críticas sobre el mundo poético del escritor castellano. Sin duda existen lazos entre Guillén y la poesía simbolista, y podríamos mencionar entre otros, el carácter innovador del primer *Cántico*; la amistad de Guillén con Valéry; la influencia de Juan Ramón Jiménez; la expresa afinidad del libro de Guillén con *Las flores del mal* de Baudelaire, y el debate sobre la «poesía pura», con las correspondientes declaraciones de nuestro poeta. Todo ello contribuyó a enmarcar firmemente a Guillén dentro del ámbito de la poesía postsimbolista francesa, el «Valéry español», como se le ha llamado.[8] Los ensayos de Dámaso Alonso, Concha Zardoya, y, en particular, Claude Vigée, Pierre Darmangeat, y Biruté Ciplijauskaité, que mostraban claramente lo inadecuado de esa afiliación, no lograron hacer mella,[9] y todavía se sigue pensando en Guillén como un «epígono del simbolismo».[10] Vemos esta relación Guillén-Simbolismo vigente sólo en el contexto más limitado, de la misma manera que se le podría atribuir a casi todos los poetas españoles a partir de Machado y Juan Ramón, y totalmente imprecisa como manera de resumir la trayectoria de nuestro poeta. 2) Si descartamos la afiliación simbolista de Guillén, y, sin grandes dificultades, su afiliación a los movimientos vanguardistas —Futurismo a Superrealismo— nos quedamos con un Guillén como flotante y sin maroma que lo ate firmemente al territorio artístico de su época. Sin embargo, la profunda relación del poeta con su circunstancia histórica está ahí, claramente expresada en su poesía. Casalduero y, más recientemente, Bousoño[11] verán la poesía de *Cántico*, por ejemplo, vinculada al cubismo; *Clamor,* se recordará, lleva como subtítulo «Tiempo de historia», y no han sido pocos los que con mayor o menor fortuna han asociado la poesía de Guillén al «arte deshumanizado» que describe Ortega en 1925. 3) Dada la situación tan ambigua de esta poesía, se impone ya el colocarla en el verdadero marco histórico que le corresponde. Los libros que han estudiado la poesía de Guillén se han centrado en su conjunto, como un objeto independiente, y sólo algunos han tratado marginalmente de la circunstancia histórica de la obra. Los muchos enfoques ensayados para el estudio de la obra de Guillén reflejan esta peculiar perspectiva objetivista; entre otros que podríamos citar, están los estudios de Casalduero (sentido/forma), Macri (estilístico/formalista), Prat y Polo de Bernabé (estructuralistas), Bobes-Naves (semiótico).[12] Nuestro estudio intenta acercarse a la obra esbozando un principio de intencionalidad que sin salirse de su estructura nos proyecta fuera de ella.

Comencemos con ese fundamental «Yo soy yo y mi circunstancia»[13] de Ortega que aparece por primera vez de manera concreta en *Meditaciones del Quijote* (1914), aunque según el profesor Marías había sido previamente representado como idea germinal en «Adán en el Paraíso», ensayo de 1910.[14] Nuestro YO aparece dividido en dos aspectos fundamentales: el yo concreto —físico y pensante—, este ser material de carne y hueso, y algo insustancial, parte de la esencia de ese «yo» físico que le viene de su «circunstancia» y sin la cual no puede completarse. Esta circunstancia la comprenden: «¡Las cosas mudas que están en nuestro próximo derredor!» (I, pág. 319). Quede sin más así la representación de la circunstancia, aquello con lo que entramos en contacto directa o indirectamente, y de cuya relación surge el ser total. Bien, el equivalente de esta frase en Guillén nos lo ofrece un verso no menos escueto e igualmente rico en posibilidades: «Soy, más, estoy».[15] Un análisis elemental nos lleva a establecer que el sujeto del verbo *ser* no hace más que relacionarse consigo mismo, no sale de sí. *Estar*, sin embargo, relaciona al sujeto con algo más, lo que no es él, lo que está fuera de él, de hecho, su circunstancia. Y este «estar» es *más* que un «ser», así, «Soy, más, estoy» dice en efecto: «Yo soy yo y mi curcunstancia». El verso aparece en el primer poema de *Cántico*.[16]

En ocasiones, este «estar» se ha visto como una expresión existencial, posibilidad que ahora nos parece problemática. En primer lugar, al hablar de existencialismo en Guillén, había que colorearlo con todo tipo de adjetivos. «Existencialismo jubiloso» lo llamó acertadamente Eugenio Frutos, por ejemplo.[17] Además, había que plantearse siempre los límites de tal existencialismo, en el fondo tan claramente distante del existencialismo francés. Si es cierto que en la acción el ser existencial recibe su esencia, y que las cosas, lo externo, son el estímulo que lo llevan a la acción, también es cierto que la acción no es recíproca. Es decir, existencialmente el hombre se define al actuar, pero se *auto-define*. Guillén, sin embargo, nos dice sólo dos versos después del ya citado: «La realidad me inventa. / Soy su leyenda. ¡Salve!» (*A.N.*, pág. 28), y esta no es una posibilidad existencial, hablando estrictamente. En otro conocido verso dice Guillén: «Dependo de las cosas» *(A.N.*, pág. 33). Una vez más estamos en el mundo del yo y la circunstancia; sin ella yo no soy yo, y sin mí, como veremos, la circunstancia tampoco es ella.[18]

Pero la frase de Ortega no concluye con la palabra «circunstancia»; hay una coma y sigue: «...y si no la salvo a ella, no me salvo yo» (I, pág. 322). Es decir, si no logro encontrar la transcendencia de mi circunstancia, no lograré encontrar mi propia trascendencia tampoco. Vamos a establecer como premisa aquí que el *Cántico* de Guillén es el intento inicial de salvar su circunstancia. ¿Qué si no eso quiere decir el subtítulo del libro *Fe de vida?* No sólo como se ha entendido «fe en la vida» o «fe en la realidad», sino también prueba, documento concreto en el que queda patente, registrada, la interacción entre un hombre en particular y su mundo en derredor, su circunstancia. Es así esta obra una especie de fenomenología actuante. Y ahora, si leemos a Guillén desde esta perspectiva, tendremos una idea mucho más concisa del sentido de esta palabra. Todo en Guillén es materia poética. Desde el *graffiti* de un excusado para «caballeros», hasta la música de Debussy; desde el nacimiento hasta la muerte; desde Sem Tob hasta Ezra

Pound. Porque no es sólo en *Cántico* sino en *Aire nuestro y otros poemas* que esta realidad queda plasmada, estudiada, organizada, en fin, vivida.

La circunstancia del poeta lo lleva a prestar atención a ciertas facetas del «yo» no específicamente delimitadas por Ortega entonces. El «yo» en *Cántico* es el yo individual, pero el «yo» de *Clamor* pasa a ser un yo colectivo, se convierte en un «nosotros». La circunstancia en *Clamor* se amplía, no queda limitada a la interacción de un individuo con su mundo, sino que pasa a la interacción de un mundo con el Hombre, en donde cada individuo lucha por establecer su lugar. Por ejemplo, nosotros y Pérez, el insigne caudillo; o nosotros y la bomba atómica; o nosotros y la muerte, no la nuestra en particular sino la muerte genérica, la de la rosa, la de unos zapatos; o, ya más positivamente, la voluntad de ser, o mejor «estar», vista a través del conjunto social, Anna Frank, como símbolo de voluntad, o los gatos de Roma, como símbolo de perseverancia. El tercer libro de la trilogía, *Homenaje,* establece vínculos entre el poeta y aspectos particulares de su circunstancia, el mundo de la poesía y el de la amistad, ambos tan esenciales para el poeta.

Quedaba así establecida en *Aire nuestro* toda una enorme red de relaciones entre Guillén y su realidad: «La obra está completa» (*A.N.,* pág. 1673), nos dijo en el último verso del libro. Pero afortunadamente no había llegado su último momento y el poeta siguió manifestándose, porque el artista tiene una obligación para con su mundo, la de ser-en-él, y el único mundo posible para el ser-poeta es el del poema. De estos últimos años de labor nos queda *Y otros poemas*, ya con la perspectiva de la edad y un tono algo socarrón.[19] Y pronto saldrá un tomo más: *Final* (término de una etapa, no de la poesía).

Dirijamos ahora nuestra atención hacia la manera a través de la cual se establece esta interdependencia entre el yo y la circunstancia. Para Ortega, en el sentido más amplio, cada objeto participa de una naturaleza dual: lo que entendemos por materia y su esencia; su naturaleza superficial y su naturaleza profunda. La circunstancia en este caso es vista como una posibilidad de relaciones del objeto. La suma de todas esas posibles relaciones y el objeto en sí nos darían la totalidad del objeto, es decir, su situación exacta en el Cosmos. Esto es posible sólo como ideal; por lo pronto, nuestra atención puede darle cabida en nuestro propio universo. Entonces, la relación entre el objeto y el yo es siempre subjetiva, y nunca aislada. Nuestro yo observa el objeto en un contexto, dentro de una estructura particular en la que entran otros objetos. Ortega amplía esta idea hasta su última consecuencia. «Eso que llamamos 'Naturaleza' no es sino la máxiam estructura en que todos los elementos materiales han entrado» (I, p. 350). Pero nótese que la relación entre el objeto y la circunstancia es la que le encontramos nosotros. Hasta que la definimos como tal no la tiene, o la tiene sólo en potencia. Cuanto más profunda sea la relación que encontremos entre el objeto y nuestro mundo, más profunda será nuestra relación personal con ese objeto que forma nuestra circunstancia concreta. Al ser más el objeto, somos también más nosotros. En la medida en que intentemos relacionar el objeto con el mundo, esta actividad se convierte en nuestra experiencia vivida, es decir, nuestra vida misma. Y en cuanto el poeta la transforma en poesía, ello da salida a su ser poético, imposible sin la experiencia creadora del poema.

Todo este preámbulo nos lleva directamente al corazón de la poesía de Guillén. En ella encontramos un amor radical por los objetos —Ortega dirá que el amor es la única manera de llegar a esa realidad (I, pág. 315). Al establecer los vínculos necesarios entre su yo y lo circundante, Guillén contempla el objeto en sí, y en un intento de comprenderlo, su atención lo lleva al objeto esencial, buscando su relación viviente con lo demás. «Nada sería el sujeto /el yo/ sin esa red de relaciones con el objeto, con los objetos. Ahí están de por sí y ante sí, autónomos y con una suprema realidad: son reales». [20] En este diálogo con las cosas, a veces es el poeta el centro de la realidad, como en el poema «Las doce en el reloj»: «Era yo, /Centro en aquel instante / De tanto alrededor» (*A.N.*, pág. 485). Otras veces es el objeto ese centro universal, como la rosa en el poema «Perfección»: «Reposa / Central sin querer, la rosa» (*A.N.*, pág. 250). Pero siempre estableciendo una relación necesaria entre el objeto y el «yo» que lo contempla. En el poema de la rosa es sólo un «pie caminante» el que aparece, de momento despersonalizado porque la perspectiva es la de la rosa, pero sin ese pie, no habría posibilidad de poema. Ortega en el ensayo «Adán en el Paraíso» termina preguntando: «¿Dónde el Paraíso?» (I, pág. 492). Y la respuesta es que allí, donde se encuentre Adán. Guillén se hace una pregunta similar en un poema de *Cántico:* «¿Dónde un jardín? / —En el medio» *(A.N.,* pág. 65). Siempre en el medio de la vida, claro. El valor de todo ello es que cada ser es siempre un posible centro. Sólo se necesita la conciencia de serlo y el amor hacia las cosas. Esta es la lección del humilde Sancho en *Clamor*. Sancho deja de ser gobernador en el momento en que vuelve a encontrarse a sí mismo, a su verdadero «yo», y allí es centro de un círculo. «El universo entonces, / O la divinidad, / Traza en torno el gran círculo perenne» (*A.N.*, pág. 977).

Pero, como sabemos, Guillén no se limita a establecer una simple relación entre su yo y el objeto concreto, sino que pasa a su vez a la creación de estructuras mucho más amplias y complejas. El poema se ha convertido en la objetivación de su red de relaciones, y a medida que este poema-objeto encuentra el lugar que le corresponde en el libro, va quedando plásticamente reflejada la interacción necesaria ente todas y cada una de sus partes. No nos detendremos aquí a establecer la estructura de la obra de Guillén, pues es ya bien conocida.[21] Lo que sí debemos subrayar es que Guillén no fuerza esta organización, sino que es reflejo fiel de *su* visión de la realidad. Que no corresponda a la visión de otros es una posibilidad perfectamente admisible, y deseable, pero que se vea como una deformación de la realidad para mantener una falsa euforia, es no comprender la poesía de Guillén ni su concepto de lo que es la realidad. Ortega, consciente de este problema en otros, nos dice: «No pretendáis crear las cosas, porque esto sería una objeción contra vuestra obra. Una cosa creada no puede menos de ser una ficción. Las cosas no se crean, se inventan en la buena acepción vieja de la palabra: se hallan» (II, pág. 28). Las relaciones en Guillén son siempre «halladas», nunca «inventadas».

Nada de lo que hasta aquí hemos visto parece indicar que Ortega pudiera interpretar la obra de Guillén como una poesía deshumanizada, antes bien, más nos parece lo contrario. ¿Cómo es, pues, que Guillén sobre todo ha sido en los últimos cincuenta años el blanco predilecto de cuanto crítico o poeta «humanizado» se ha puesto a discutir la poesía del 27? De nuevo ciertas ideas de Ortega parecen ofrecernos por lo menos una vía a seguir.

El concepto de deshumanización asociado a la poesía del grupo del 27 nos llega en dos épocas, la primera durante los años que siguieron a la publicación del libro de Ortega, debido en su mayor parte a que los que así designaban aquella poesía no habían logrado captarle todavía su sentido último, o el lugar que los nuevos poetas pudieran ocupar en el horizonte de las letras españolas (por ejemplo, en una antología, Guillén aparece como poeta creacionista[22]). Pero no siempre es tan fácil resolver el problema. Sobre todo en cuanto es la voz de don Antonio Machado, tan preocupada como auténtica la que surge en protesta. Pensando en Guillén podemos reconocer dos aspectos de su poesía que pudieran alienar efectivamente al poeta sevillano. En primer lugar, hablamos de que en el poema Guillén pasa del objeto concreto al objeto esencial. Esta requiere una desrealización, o, mejor dicho, desmaterialización del objeto —concretamente podemos afirmar que casi dos de cada tres sustantivos en Guillén representan una naturaleza insustancial, no abstracta, pero sin cuerpo: «luz» y «aire», tan claves en esta poesía, serían los dos mejores ejemplos. En varias ocasiones Ortega habla del materialismo español y del espiritualismo germano. Al español le gustan los objetos como tales, al germano le fascina lo esencial del objeto, no el objeto en sí. Tenemos entonces a Guillén alejándose de lo tradicionalmente hispano (en realidad, lo que encontramos es una fusión de las dos tendencias; Guillén nunca se olvida de que el objeto es una cosa «real»). Pero, ¿no es precisamente Machado el poeta de la «palabra esencial en el tiempo»? ¿No representa esto también una desrealización? No en verdad, porque para Machado en la esencia está lo español. Si Machado transforma un paisaje, Soria, digamos, lo que descubre es la España posible, la histórica, otra España, pero sin duda, España. Guillén, por otra parte, busca precisamente alejarse de esto. El, como Ortega, busca una España europea, una España integrada al resto del mundo. «¡Oh, aquel terrible nacionalismo a retropelo de aquellos demoledores del 98! Basta, basta. Necesito ser *real* como un europeo cualquiera».[23] Así pues, la desespañolización de la realidad, tanto como su desmaterialización tenían que chocar fuertemente con la estética de aquellos años, y sobre todo con la de Antonio Machado.[24]

La segunda ola de la crítica en torno al aspecto deshumanizado de esta poesía aparece durante los años cincuenta y sesenta, en el momento de la llamada poesía social, y cuando don Antonio Machado era sin duda el poeta predilecto. Volviendo al aspecto dual de la realidad en Ortega, dice el filósofo que plenitud de vida se logra al encontrar el justo equilibrio entre el aspecto material y el aspecto esencial de la realidad. Cuando domina éste —como en el caso de don Quijote ante los molinos—, nos lleva a la alucinación, pero una excesiva preocupación con el lado material de la realidad nos lleva a la desilusión (I, pág. 386). Históricamente este último es el caso de la España de posguerra. Una lectura parcial de Guillén —y su obra completa no se podía leer en España— tenía que chocar necesariamente con la visión de los lectores de entonces. Guillén hablaba de esencias, y lo importante era atender a necesidades materiales inmediatas, mucho más acuciantes. Algo por el estilo le habría de pasar también a la obra de Ortega, piénsese si no en la novela *Tiempo de silencio*. En resumen, según vemos, la poesía «deshumanizada» de Guillén recibió este título porque representaba un equilibrio esencial entre el ser y la realidad, cuando en España imperaba el desequilibrio, y porque evitó el llamado «problema de España» a favor de algo que podríamos llamar el «problema del hombre». Ninguno de estos aspectos es en sí característico de lo que Ortega llamó arte deshumanizado.

Tras presentar algunas ideas sobre la función del artista en la sociedad según Ortega, queremos llegar finalmente a su concepto de la «razón vital». Nos parece claro que tratar de relacionar *La deshumanización del arte* con la poesía es una tarea inútil. El libro es lo suficientemente ambiguo y sugeridor para dar pie a las opiniones más contradictorias. Desde su publicación no ha habido comentario sobre poesía basado en su definición del arte deshumanizado que no se vea contradicho casi de inmediato. Tal vez si empezamos desde otro punto de partida, si buscamos cómo concebía Ortega la función del artista en la sociedad, lograremos ver qué es lo que para él sería un artista humanizado, y así qué consideraría un arte humanizante. En el capítulo «Integración» de la «Meditación preliminar», hay una larga cita en torno a este tema. Incluimos aquí sólo sus últimas palabras, aunque toda ella es importante: «Ahora necesito claridad, necesito sobre mi vida un amanecer. Y estas obras castizas son meramente una ampliación de mi carne y de mis huesos y un horrible incendio que repite el de mi ánimo. Son como yo y yo voy buscando algo que sea más que yo —más seguro que yo» (I, pág. 358). Pero, ¿qué hemos de entender por ese «algo más seguro que yo»? Cito otra vez: «Cultura no es la vida toda, sino sólo el momento de seguridad, de firmeza, de claridad. /Los hombres/ inventan el concepto como instrumento, no para sustituir la espontaneidad vital, sino para asegurarla» (I, pág. 355). He aquí otra palabra clave, «concepto». Hay que conceptualizar la vida para asegurar la espontaneidad vital. Pero esto es precisamente lo que acabamos de ver al discutir a Guillén, la conceptualización de la realidad por medio de esa red de relaciones entre los objetos, y la consciencia del «yo» que los contempla. Y, de pronto, otros nombres se nos sugieren al considerar esta idea: Góngora, Bécquer, Gabriel Miró. Todos escritores claves y todos rechazados en algún momento acusados más o menos de deshumanización, de desrealización, de conceptualizar la vida. En todos ellos predomina el ejercicio consciente de la razón. Parten de la intuición de lo real para, tras examinarla, verter luz sobre ella y colocarla dentro de una estructura ideal pero vivida, ese «himno gigante y extraño» de Bécquer. Esto los separará siempre de otros escritores, los más castizos. Es natural que estos tres escritores, junto con San Juan y Berceo, también transformadores de realidades, fueran el tema de *Lenguaje y poesía,* libro de crítica de Jorge Guillén. Allí leemos en el comentario a Góngora: «Poesía, por lo tanto, como lenguaje: 'lenguaje construido'. Si toda inspiración se resuelve en una construcción, y eso es siempre el arte, lo típico de Góngora es la abundancia y la sutileza de conexiones que fijan su frase, su estrofa. Nunca poeta alguno ha sido más arquitecto. Nadie ha levantado con más implacable voluntad un edificio de palabras».[25] No nos extrañe, entonces, que sea Góngora el poeta preferido por toda esta generación. La descripcíon que nos ofrece Guillén del mundo de Góngora se acerca bastante a lo que Julián Marías resumirá como el concepto de «razón vital» en el mundo de Ortega.

De fundamental importancia es el aceptar la «razón vital»[26] como un método por medio del cual nos acercamos a la realidad externa a nuestro yo. Discutimos al principio de este ensayo que el yo orteguiano actúa sobre lo circundante, y de esta acción resulta una creación recíproca, la del mundo personal y la del YO total. La «razón vital», que luego Ortega extiende a «razón histórica», es precisamente la manera en que el yo actúa sobre su contorno. La vida resulta de ese convivir del «yo» con el «no-yo», lo que está fuera de uno mismo. La convivencia nos lleva a establecer esa serie de relaciones que luego concretamos como *nuestro* mundo. La «razón vital» es lo que nos lleva a descubrir las conexiones entre los objetos, vínculos que en sí establecen cierta coherencia dentro de ese mundo nuestro. Dadas todas las opciones que se nos ofrecen en cualquier momento concreto, la «razón vital» nos lleva a reconocer que algunas de ellas son más valiosas que otras, lo que le imparte un carácter ético a todas nuestras decisiones. El impulso que nos lleve hacia la opción más valiosa será visto siempre como un acto amoroso. Ya en las *Meditaciones...,* antes de formular concretamente el concepto de «razón vital», afirma Ortega:

> ...el amor nos liga a las cosas, aun cuando sea pasajeramente. ...Hay, por consiguiente, en el amor una

ampliación de la individualidad que absorbe otras cosas dentro de ésta, que las funde con nosotros. Tal ligamen y compenetración nos hace internarnos profundamente en las propiedades de lo amado. Lo vemos entero, se nos revela en todo su valor. Entonces advertimos que lo amado es, a su vez, parte de otra cosa, que necesita de ella, que está ligado a ella. Imprescindible para lo amado, se hace también imprescindible para nosotros. De este modo va ligando el amor cosa a cosa y todo a nosotros, en firme estructura esencial (I, pág. 312-13).

Resumiendo estas ideas de Ortega al final de su libro, dice Julián Marías que el hombre ha de reabsorber su circunstancia, humanizarla por medio de un proyecto. Guillén, a su vez, en *El argumento de la obra,* dice que su poesía se debe a un impulso «vital y ético» (pág. 49). He ahí el proyecto de «razón vital». Este proyecto del hombre —sigue Marías— lo lleva a descubrir un sistema de relaciones, basándose en su razón, relaciones que pronto aparecen dentro de la estructura total. Esto es razón y no es nada ajeno a la vida, sino la vida misma en su función de asegurar la realidad al ir creando relaciones a través del amor entre una cosa y la otra y todo relacionado a nosotros. Este es el concepto de «razón vital». [27] Esta es también una de las constantes más significativas de la obra de Guillén. Ortega escribe que en el amor, un «afán de comprensión» es cualidad indispensable (I, pág. 313). Esta frase encuentra cálido eco en la prosa de Guillén cuando éste escribe que «*Cántico* es un acto de atención». [28] Es decir, intento amoroso de comprensión. Este es el concepto más amplio de la obra, manifestado en esa «expresión vital» suya en que el vivir se hace poesía.

«Luz», la primera palabra consciente de *Cántico,* nos ilumina la realidad, permite que nos acerquemos a ella para intentar así comprenderla. A más claridad, más comprensión, más plenitud. Dice Ortega: «Claridad no es vida, pero plenitud de vida» (I, pág. 358), lo que parece un verso de Jorge Guillén. Una vez que el objeto se le revela, la razón le encuentra su lugar, el único y necesario en el mundo del poeta. Mientras crece, a ese mundo lo mantiene el aire, ese *Aire nuestro* que pasa de ser lo externo a ser parte de nuestro ser y luego, transformado por nosotros, vuelve a ser nuevamente parte de lo externo. Metáfora perfecta para representar la relación «Yo y circunstancia». Esto es lo que nos ofrece en resumen la poesía de

Jorge Guillén: un ejemplo, un modelo, una manera de vivir en plenitud. Esto y la conciencia de que cada uno somos un centro siempre posible aunque limitado a la voluntad de asumirlo como tal. Desde esta perspectiva, afín a la reducción fenomenológica, la enorme variedad de temas y situaciones concretas que integran la obra de Jorge Guillén encuentra no ya amplia justificación en las múltiples conexiones que el poeta establece entre todos y cada uno de los componentes de su obra, sino en lo que los poemas mismos son en sí, como entidades independientes: la concreción de la experiencia vital del poeta, la única manifestación posible de su ser poético. Ello establece *Homenaje* como una parte integral y absolutamente necesaria para el sentido total de la obra. Una relación de este tipo es la que rige a su vez la figura de Ortega y su obra, no menos variada en temas que la de Guillén. En esa variedad misma, que ha sido objeto de críticas, se refleja la consciencia de lo que para Ortega representaba su quehacer filosófico. Para los que buscan «sistema» en la obra del filósofo, la obra misma *es* el sistema. Así resulta absurdo relacionar la poesía de Guillén con la «deshumanización» definida por Ortega, porque ese arte, según el libro, se aleja precisamente de la vida misma. Guillén ha protestado justa y vigorosamente ante esta interpretación de su poesía. Es de esperar que estas páginas contribuyan a darle la razón y a centrar un tanto el enfoque crítico sobre un aspecto de su poesía que no ha recibido tanta atención como creemos que se merece.

NOTAS

1. Oreste Macrí, *La obra poética de Jorge Guillén* (Barcelona: Ariel, 1976), págs. 473-509.

2. Guillén conoció personalmente a Ortega, llegó a asistir a algunas de sus clases, colaboraba en la *Revista de Occidente,* y es esta editorial la que le publica su primer *Cántico.* En una reciente carta, Guillén nos habla de la «irresistible fascinación» que ejercía el maestro (24 de junio de 1981).

3. Jorge Guillén, *El argumento de la obra* (Barcelona: Llibres de Sinera, 1969), pág. 53.

4. Este trabajo escrito en marzo de 1980, nos parece hoy todavía limitado en su enfoque, aunque su tesis fundamental resulte válida y necesaria para estudiar con precisión la obra de Guillén. Falta, por ejemplo, encontrarle un lugar a Heidegger en

el esquema total. *Ser y tiempo* fue un libro importante para Ortega, y algunos de los conceptos presentes en sus páginas aparecen también en la poesía de Guillén.

Ampliar nuestro estudio hasta incluir nuestras perspectivas de hoy, sería falsificar el impulso que le dio forma inicial y el ambiente del coloquio en el que apareció por primera vez. Quede así con mínimos cambios como concepto embrionario de lo que va cobrando hoy carácter y forma de libro.

5. Philip Silver, «La estética de Ortega y la generación de 1927», *Nueva Revista de Filología Hispánica*, 20 (1971), 361-80. La antología de la obra de Guillén que el profesor Silver preparó para Ediciones Cátedra llegó a nuestras manos cuando ya este ensayo estaba en prensa. La introducción del profesor Silver coincide en muchos casos con nuestra interpretación.

6. Julián Marías, *Ortega. Circunstancia y vocación* (Madrid: Revista de Occidente, 1960).

7. Ciriaco Morón-Arroyo, *El sistema de Ortega y Gasset* (Madrid: Ediciones Alcalá, 1968). La revisión del presente trabajo se llevó a cabo durante un seminario patrocinado por la *National Endowment for the Humanities* en la Universidad de Cornell en torno al tema «La estética de Ortega y Gasset», dirigido por el profesor Morón-Arroyo.

8. Ver Biruté Ciplijauskaité, «Jorge Guillén y Paul Valéry al despertar», *Papeles de Son Armadans,* 33 (1964), 267.

9. Dámaso Alonso, «Los impulsos elementales en la poesía de Jorge Guillén», en *Poetas españoles contemporáneos* (Madrid: Gredos, 1952), págs. 207-43; Concha Zardoya, «Jorge Guillén y Paul Valéry», en *Poesía española del 98 y del 27* (Madrid: Gredos, 1968), págs. 205-54; Claude Vigée, «Jorge Guillén et les poétes symbolistes français», en *Révolte et louanges. Essais sur la poésie moderne* (Paris: Corti, 1962), págs. 139-97; Pierre Darmangeat, *Jorge Guillén ou Le 'Cantique' émerveillé* (Paris: Librairie des Eiditions Espagnoles, 1958); Biruté Ciplijauskaité, *op. cit.*

10. José María Aguirre, *Antonio Machado, poèta simbolista* (Madrid: Taurus, 1973), pág. 55.

11. Joaquín Casalduero, *'Cántico' de Jorge Guillén y 'Aire nuestro'* (Madrid: Gredos, 1974), pág. 38; Carlos Bousoño, «Nueva interpretación de *Cántico*», en *Homenaje a Jorge Guillén* (Madrid: Insula, 1978), págs. 86-87.

12. Ignacio Prat, *'Aire nuestro' de Jorge Guillén* (Barcelona: Planeta, 1974); José Manuel Polo de Bernabé, *Conciencia y lenguaje en la obra de Jorge Guillén* (Madrid: Editorial Nacional, 1977).

13. José Ortega y Gasset, *Obras completas,* 3a. ed., Vol. I (Madrid: Revista de Occidente, 1971), pág. 322. A partir de aquí se citará en el texto, el tomo en números romanos seguido de la página.

14. Julián Marías, *Acerca de Ortega* (Madrid: Revista de Occidente, 1971), pág. 65.

15. Jorge Guillén, *Aire nuestro* (Milán: All'Insegna del Pesce d'Oro, 1968), pág.
28. A partir de aquí todas las referencias a este libro serán citadas en el texto.
16. El verso es del poema «Más allá» que aparece en la segunda edición de *Cántico* en 1936, y ocupa el primer lugar en el libro a partir de la tercera edición de 1945. Estos datos son significativos porque precisamente entre la primera y segunda edición de *Cántico* es donde se nota el decidido matiz orteguiano del libro.
17. Eugenio Frutos, «El existencialismo jubiloso de Jorge Guillén», *Cuadernos Hispanoamericanos,* 18 (1950), 411-26.
18. Como indicaba anteriormente, hace falta un estudio a fondo sobre la posible relación Guillén-Heidegger. La persepctiva existencialista tal vez cobre más vigor desde ese ángulo. No hay duda que ese «estar» esencial de Guillén tiene también una profunda relación con el concepto de *ser-en-el-mundo* del filósofo alemán. Macrí lo sugiere, *op. cit.,* pág. 14.
19. Jorge Guillén, *Y otros poemas* (Buenos Aires: Muchnik Editores, 1973).
20. Jorge Guillén, *El argumento..., op. cit.,* pág. 47.
22. Ver otro ensayo nuestro: «*La deshumanización del arte* y la Generación de 1927», *Los Ensayistas,* 4, núms. 6-7 (1979), 39-49.
23. En un artículo de periódico en homenaje a Valle Inclán. Citado por K.M. Sibbald en *Homenaje a Jorge Guillén, op, cit.,* p. 320. Este comentario nos haría ver con cierta cautela la conocida frase de Dámaso Alonso: «Lo primero que hay que notar es que esta generación */la del 27/* no se levanta contra nada» (*Obras completas,* Vol. 3 */Madrid: Gredos/,* pág. 658). Guillén parece levantarse ahí contra el espíritu del 98, y en esto —y por las mismas razones— refleja una perspectiva similar a la de Ortega.
24. Octavio Paz relaciona más concretamente esta animadversión de Machado con el supuesto barroquismo de la generación, que es un repudio de la «estética barroca» evidente en algunos de los poetas y en particular en Jorge Guillén. («Horas situadas de Jorge Guillén», en *Puertas al campo,* (México: Joaquín Mortiz, 1966), págs. 76-77).
25. Jorge Guillén, *Lenguaje y poesía* (Madrid: Alianza, 1969), pág. 38.
26. El esbozo que presentamos aquí del concepto «razón vital» es necesariamente sucinto. Sería demasiado imprudente en unos párrafos el intentar dar cuerpo a unas ideas que a lo largo de toda la obra de Ortega son cauce de múltiples afluentes y canales para sus relfexiones, máxime cuando en ocasiones parecen avanzar en direcciones perfectamente opuestas. Remitimos al lector a los libros de Marías y Morón-Arroyo ya mencionados, así como a los de José Ferrater Mora, *Ortega y Gasset. Etapas de una filosofía* (Barcelona, 1973); Philip Silver, *Ortega as Phenomenologist* (New York, 1978); Jean-Paul Borel, *Introducción a Ortega y Gasset* (Madrid, 1969). La lista no pretende ser una nómina completa; el lector encontrará también textos de Nelson Orringer, Paulino Garagorri y otros, igualmente útiles.
27. Julián Marías, *José Ortega y Gasset..., op. cit.,* Nuestro resumen es de la versión

en inglés (Norman: University of Oklahoma Press, 1970), págs. 467-68.

28.   Jorge Guillén, *El argumento...*, *op. cit.*, pág. 26.

COSMIC LOVE IN LORCA AND GUILLEN

Patrick H. Dust
Carleton College

In 1926, at the time when the young poets of the Generation of 1925 were beginning to make their unique contribution to a vertiable «Silver Age» in Spanish literature, José Ortega y Gasset perceptively noted that the prevailing ideology of the times had become exessively psychologistic and he voiced the need for a different point of view based on a more comprehensive, cosmological orientation. Nowhere was this more in evidence, Ortega insisted, than in the understanding and treatment of love: «Los refiniamientos en la psicología del amor, amontonando sutil casuística, han retirado nuestra atención de esa faceta cósmica, elemental del amor.» And Ortega went on to observe that the long and often complicated history of love «vive a la postre de esa fuerza elemental y cósmica que nuestra psique —primitiva o refinada, sencilla o compleja, de un siglo o de otro— no hace sino administrar y modelar variamente. Las turbinas e ingenios de diverso formato que sumergimos en el torrente no deben hacernos olvidar la fuerza primaria de éste que nos mueve misteriosamente.»[1] In the present paper I would like to focus attention on García Lorca's *Romancero gitano* and Jorge Guillén's *Cántico,* and explore in what sense the love that emerges in these collections is a distinctively *cosmological* reality, rather than a merely psychological or social one. Then I shall develop a comparison between the attitudes that Lorca and Guillén adopt respectively toward this phenomenon and suggest some conclusions about the relative worth of their poems.

For both Lorca and Guillén, *the cosmos is love.* This brief formula, in fact, summarizes the broadest ontological truth contained in these collections. Itś meaning, however, will become clear only after we see what love is and how it manifests itself. Above all and most dramatically, love appears repeatedly in these poems as a kind of primal impulse, a restless, dynamic energy, an instinctual force that knows neither stint nor stay. Lorca, for example, links love with the images of «espada caliente,» «mar amarga,» and «caballo que se desboca.» And Guillén, for his part, identifies love with the notions of «delirio,» «afán,» «furia,» «ardor,» «calor,» «angustia,» «embriaguez,» «embeleso,» «arrebato,» and «pasmo.» What all of these images have in common is their emphasis on the physical and dynamic character of love. They suggest a force that is all-powerful and irrestibile, one, in short, that is Life. Moreover, many critics have noted the strikingly primitive quality of love in the *Romancero,* the fact that the experience is portrayed as powerfully sexual, that it tends to be anonymous, ritualized, mysterious, fatalistic, and intimately related to the deepest rhythms of Nature.[2] Critics of *Cántico,* in a similar vein, have called attention to Guillén's preoccupation with the elementary impulses of life; they have noted the anonymity of the lovers and have remarked on the promixity of the love poems to a dangerous abyss that is purely biological and instinctive.[3] Clearly, there is much to be learned in these observations. The repressed desire of Lorca's gypsy nun, the frustration of Soledad Montoya, and the incestual longings of Amnón for his sister Thamar, are all deeply rooted in a vitalistic conception of man and the universe. And the same may be said also of the unashamed passion of Guillén's lovers in «Anillo,» the overt sensuality of «Más esplendor,» and the dramatic tensions that seriously threaten Creation in «Los amantes» and «Pleno amor.» All of these poems are simply diverse manifestions of their authors' profound interest in a distinctively physical and organic cosmology. Guillén sums up this attitude nicely when in a characteristic rapture he declares: «ella y yo por fin somos / Una misma energía» («Salvación de la primavera»).[4]

The cosmos then, unmistakably, is love. And as a result, the portrayal of erotic relationships between individuals becomes more than just that. It is simultaneously a revelation about the meaning of reality as a whole. Stated succinctly, when a person loves, the universe acquires a greater ontological consistency, a greater fullness of being. «La Tierra,» says Guillén, «no girará con trabazón más fuerte» («Anillo»). Love makes reality a «universe,» that is, a single poetic truth. This is the real meaning that underlies the sexual gratification obtained by the unfaithful wife, the «potra de nácar / sin bridas y sin estribos,» who adroitly seduces the male gypsy in the most popular of Lorcas ballads. And it is the reason that the heroic protagonist of «Salvación de la primavera,» in a moment of passionate self-delivery, can exclaim: «¡Amar, amar, amar, / Ser más, ser más aún! / ¡Amar en el amor, / Refulgir en la luz!» These figures are literally intoxicated with a momentous cosmological truth. No less than the other lovers in these collections, they participate in and above all perpetuate the life of the cosmos. And conversely, the absence of this unique kind of love, of this vigorous plenitude of being, is what accounts for the opposite experience in these books: for the bitter futility of Lorca's «Muerto de amor,» for the morbid despair of the «Romance sonámbulo,» and for the destructive dissonance of Guillén's «Pleno amor.»

This somewhat unorthodox perspective on love also provides the explanations for what we might call the «ontological reciprocity» that exists between the bodies of the lovers and the physical universe. Since Nature or Creation exhibits an almost infinite plasticity, all of its forms are in constant metamorphosis and in this sense are interchangeable. Hence it is not unusual that an insatiable, lustful wind should attempt to rape Preciosa, nor that Guillén should identify the physical operation of the beloved's body with the operation of the entire cosmos: «Tu pulso, mientras, insiste, / A los astros acompasa» («Mundo en claro»). In poem after poem, woman becomes the day or the night; her body is indistinguishable from the stars or from the warmth of the afternoon. One woman's thighs are transformed into slippery fishes; the arms of another reach out to her lover «con exactitud de cuerpos celestes» («Mundo en claro»); a third blends into the eerie light of the moon; and still another becomes a lush spring landscape or the summer sunlight. Since the very being of the cosmos is ultimately physical, sensual, and even voluptuous, the universe is alive with love and ceaselessly pushes towards an eternal consummation. All of reality, in short, is *polymorphous erotic;* it is desire in its purest and most absolute form.

Given the depth and richness of these poets' intuitions into Nature, it comes as no surprise that each in his own way withdraws from and repudiates the realm of History. Guillén, for example, never tires of insisting that time and history are, in a sense, incompatible with love. On one occasion he flatly states: «No hay

Historia. / Hubo un ardor que es este ardor» («Anillo»). And in a
commentary he wrote for his own work, he defines his central
theme as the formidable convergence of the forces of Creation,
significantly adding: «Creación no es Historia.»[5] The orientation
that Lorca adopts produces a similar result. His glorification of the
gypsy as a symbol of pure vitality untainted by civilization is tanta-
mount to a negation of History. And the weight he gives to what
Christoph Eich has described as a qualitative instant of time that
transcends the material and social realities, pointing to a larger,
more universal dimension effectively expresses Lorca's utter disillu-
sionment with civilization.[6] Intense orgiastic fervor takes the place
of social custom and a kind of Dionysian celebration of life
replaces the repression we call society.

   If at this point we return to the observations of Ortega cited at
the beginning of this study, we can see the remarkable extent to
which Lorca and Guillén embrace an understanding of love that is
consonant with that of the philosopher. For both of these poets, as
for Ortega, love is a veritable «torrente,» a «fuerza elemental y
cósmica.» The human psyche can channel and make use of that
power in a manner analogous to the way a turbine engine harnesses
the power of nature. But it is the primordial force itself that nevertheless remains primary. Love then is not merely a psychological
phenomenon, that is, an event confined to the relatively isolated
consciousness of the lovers. Nor is it fundamentally a social reality,
originating in and deriving its power from civilization. Love is
rather an inexhaustible physical energy which moves man and the
entire cosmos mysteriously. Ortega's remarks thus make available
to us a more lucid and integral perspective on love, one which
significantly illuminates the thematic foundations of the
Romancero gitano and *Cántico.*

   All of this —I can only mention in passing— belongs to a more
general *ethos* which nurtured much of the artistic and cultural production of Europe during the period between the World Wars.
These were the years when Ortega published *El tema de nuestro
tiempo,* and hinted that man might discover in the reality of love
«el prototipo de la vitalidad primaria, el ejemplo mayor de depor-
tismo biológico.»[7] Moreover, the poetry that was being written by
Pablo Neruda and Vicente Aleixandre in the same period could cor-
roborate Ortega's intuition almost as dramatically as do the works
now under consideration. *Residencia en la tierra* and *La destruc-
ción o el amor* spring from a similar cosmological foundation and

exhibit implications that are much like the ones we are examinig in the poetry of Lorca and Guillén. But outside of Spain too, this phenomenon is evident. These are the years when Freud brought the biological emphasis of his thought to a climax with the publication of *Beyond the Pleasure Principle* (1921); when D.H. Lawrence was elaborating in his novels a neoprimitive vision of love comparable to that of Lorca; and when a philosopher named Alfred North Whitehead was piecing together the monumental metaphysical synthesis of the century, *Process and Reaity* (1929). Clearly then, the vitalistic bias of the *Romancero gitano* and of *Cántico,* far from being an isolated event in the cultural history of twentieth-century Europe, is inseparable from a broader and relatively homogeneous *Zeitgeist.* And the identification of love with the energy of the cosmos can best be understood when it is realted to that larger context.

But once we have explored the fundamental similarity that brings the world-visions of Lorca and Guillén together, it si also necessary to take into account the fathomless abyss that separates the collections from one another. For these poets do not assess the meaning of cosmic love in the same fashion. Indeed, despite their common intuition of love as a vital and organic force, Lorca and Guillén may not even be said to inhabit the same universe! This is because the «Nature» which is the equivalent of Being in the *Romancero* is ultimately experienced as chaotic, deeply sinister, insatiable, arbitrary, and indifferent to man. In a word, it appears as *demonic.* On the other hand, the «Creation» which is identified with Being in *Cántico,* in contrast, is encountered as highly ordered or integrated, benevolent, moderate in its appetites, purposeful and considerate of man. It emerges, in short, as *providential.* The distance between these disparate ontologies is too great to be bridged by the vitalism the poets share. So close to one another in their point of departure, they end up being literally «worlds apart» on reaching their destinations.

This may be illustrated by examining the particular quality of the love experience in these collections, giving special emphasis to the role of sexual pleasure; and relating the latter to the specific attitudes each poet adopts toward the social reality on the one hand and toward death on the other. In the *Romancero* love tends to be identified almost exclusively with lust and with a cataclismic release of instinctual tension. Although there are references to social conventions and to persons who possess some sense of an ego, Lorca's gypies nevertheless are often no more than a mere pretext for Nature's dramatic and usually violent self-expression. Amnón, for example, in the sweltering heat of Thamar's chamber, the unfaithful wife and her stereotyped lover, and Soledad Montoya, vividly described as a «caballo que se desboca,» are all driven toward gratification by a power beyond their control. They are literally *lived by* the forces of Nature, victimized by a physical cosmos which they show no signs of being able to significantly alter or transcend. Moreover, the sexual pleasure that accompanies this love may be said to have a peculiarly *orgiastic* character: that is, it errupts as a vehement protest against society, the ego and civilization. The deliberate flaunting by Amnón of the social taboo on incest, the sadomasochistic overtones of the married woman's disguised adultery, and the extremity of Soledad Montoya's frustrated passion all point in this direction. Indeed, one could go so far as to suggest a morbid tendency on the part of these figures towards a self-abandonment that is pathological in character. Consciousness longs for unconsciousness. The ego secretly craves its own annihilation in an act of intense sexual delight, one which at the same time and paradoxically points to a mysterious renewal of Being.

How different is love for Guillén! For him, no less than for Lorca, the lovers are a medium for the inexhaustible power of the cosmos. But without repudiating the claims of the physical and the instinctual, Guillén succeeds in also bringing to his poems a distinctively spiritual dimension which *transforms instinct while leaving it intact*. Thus while he recognizes that «La carne expresa más» («Salvación de la primavera»), the poet also insists that «Cuerpo es alma y todo es boda» («La isla»). This reconciliation of the flesh with the soul, of matter with spirit, is what often accounts for the intense harmony that pervades so much of Guillén's love poetry. In addition, in contrast to the promiscuity and guilty passion of Lorca's figures, one encounters an unexpected restraint and an innocence in the self-delivery of the lovers in *Cántico*: «Una paciencia animal se infunde en lo oscuro,» says Guillén in «Mundo claro»; and he is careful to mention in «Anillo» that «Una armonía de montes y ríos...vuelve inocentes los dos albedríos.» Nowhere in the *Romancero* does the love that is life emerge as capable of such patience or harmony. Nowhere does Lorca seem aware of a love that is active yet wise, passionate yet pure. Finally, in contrast to the somber violence that permeates the gypsies' erotic exchanges, the reader is struck repeatedly by the presence of a «paz,» a «dulzura,» or of a limitless «ternura» in Guillén's love poems, which qualitatively transfigures human desire. «Salvación de la primavera,» «Anillo,» «Mundo en claro,» and «Más esplendor» are all excellent examples of this remarkable synthesis of sensuality and spirituality, of sweetness and power. In the last poem mentioned, for example, the poet declares that «Me conduce el más dulce tesón inquisitivo,» and he delivers himself to a harmony that is total and absolute, a «deleite convertido en su ternura.» and in «Mundo en claro,» there is that magnificent moment when the loved-one awakens and suddenly opens her outstretched arms to the poet, inviting him to create love and be created by love:

> Y en un arranque, por fin,
> —Beata elección, beata
> Querencia— tiendes los brazos.
> Es de verdad la mañana
> Que se cumple, que termina
> De amanecer, entregada.
> Así, con exactitud
> De cuerpos celestes, hacia
> Mí tus brazos ya solares
> Se dirigen. Y la fábrica
> De nuestro día en el centro
> De la claridad resalta.
> El caos fué, no será.
> A todos nos arrebata
> Con su fuerza de invasión...

As for the sexual pleasure that accompanies this cosmic love, Guillén shows a special appreciation for its importance. But far from being orgiastic or vulgar, as in the *Romancero*, sexuality emerges in *Cántico* as a spiritual force of incomparable nobility and beauty. There is all the difference in the world between gobbling when one in hungry and savoring the object of one's appetite with some degree of refinement and sophistication. The former indiscriminately reduces man to a purely physical drive, destroying any possibility of a creative embrace between instinct and spirit. The capacity for refinement, on the other hand, serves to enrich and sublimate human experience in *both* of its dimensions, raising it to a higher and more valuable place in the universe. Thus, while Guillén senses at one point the very danger which overwhelms Lorca's lovers, reflecting on «¿La pérdida en la carne inacabable?» («Más esplendor»), he responds invariably by bringing into play a contemplative and metaphysical awareness that reformulates and then solves the problem at a more creative level of Being. This is why on one occasion Guillén can mention an indispensable «sapiencia en el pasmo» («El otoño: isla»), and why on another he refers succinctly but with an uncommon wisdom to a «Lúcida embriaguez sin mal ni freno» («Sol en la boda»). These are more than mere glimpses the poet snatches of a longed-for reality. They are the conscious, measured expression of a systematic and mature philosophy of love. It is in «Salvación de la primavera,» however, a piece justifiably labeled as one of the greatest love poems in the Spanish language, where we find the most beautiful and sustained expression of this attitude. For the sexual climax that is so powerfully recreated there is at once a dramatic affirmation of Spring, and a vigorous celebration of the physical and metaphysical meaning of the cosmos:

Una facilidad
De cielo nos escoge
Para lanzarnos hacia
Lo divino sin bordes.

Y acuden, se abalanzan
Clamando las respuestas.
¿Ya inminente el arrobo?
¡Durase la inminencia!

¡Afán, afán, afán,
A favor de dulzura,
Dulzura que delira
Con delirio hacia furia,

Furia aun no, más afán,
Afán extraordinario,
Terrible, que sería
Feroz, atroz o...! Pasmo.

¿Lo infinito? No. Cesa
La angustia insostenible.
Perfecto es el amor:
Se extasía en sus límites.

One looks in vain through the poems of the *Romancero* for any such affirmation. And although one does find acts of copulation with a genuine cosmic significance, one does not find a revelation with any substantive spiritual content.[8]

Nor is the situation any more hopeful when one looks at the social implications of love. Lorca's gypsies live in a society where exploitation, repression and deceit are the rule and where there are no exceptions. The ever-so-proper gypsy nun wistfully recalls her passion, projected in the «dos caballistas» who gallop through her mind's eye in an unguarded moment. But the church, a symbol of the oppressive power that inhibits rather than encourages the release of her sexual energy, «gruñe a lo lejos / como un oso panza arriba» («La monja gitana»). The unfaithful wife obscenely reduces love to a mere conquest as a result of her deceit; and the seething passion of Amnón, as we noted earlier, is utterly incompatible with the centuries-old taboo on incest. Even in «Preciosa y el aire,» where the English consulate seems to be a safe refuge from the lascivious wind, the society implicitly represented remains somewhat ambiguous. For the inglés who helps Preciosa offers her a glass of gin, which she, wise in the ways of the world, that is, of society, refuses to drink. In summary, Lorca never tires of presenting a picture of society in which his gypsies are victims of deceit and exploitation.

Guillén, on the other hand, moves toward a different conclusion. Although it is important to remember that for him love as a *cosmic* force always remains infinitely superior to society, there are signs of a reconciliation between the two in the poem call «Sol en la boda.» Here, the lovers who are about to be married inspire the admiration, respect, and profound encouragement of other egos, that is, of civilization. Here, in the bosom of family and friends who participate in the joy of the lovers, husband and wife «niegan el caos, vencen su amenaza.» Furthermore, the author of *Cántico* is particularly attentive to the problem of truth and deception. In «Salvación de la primavera,» for example, he points out that love «Nos exige sin tregua / Verdad inacabable,» and he declares, in one of his characteristic metaphysical pronouncements: «La Verdad se revela / Y nos crea.» Similarly, in the delicate hexasyllables of «Mayo nuestro,» he asks, incredulously but ecstatically, «¿Quedan lejos, máscaras?» The climax, however, of this important motif emerges in the final lines of «Más esplendor,» where Guillén discovers a special bliss in a prolonged consideration of «La gloria que se cumple, / Que sí se cumple ya absoluta, / Sin engaño absoluta para siempre.»

But the destiny of human consciousness is related only secondarily to the society in which it may or may not find encouragement. That destiny remains ultimately inseparable from the fate of the whole universe. And in contrast to the relentless self-immolation of consciousness in a cosmos bent on destruction seen in Lorca's poems, there appears in *Cántico* what might be called *an infinite expansion of consciousness in a dimension of absolute creativity.* Death is not the inevitable goal of life here, as it seemed to be in the haunting despair of the «Romance sonámbulo» or in the elegiac strains of «Muerto de amor.» Guillén's goal, on the contrary, is more life. Indeed, in its most ambitious formulation, it is nothing less than a victory of love in the very face of time and death. «Tiempo enamorado no sabe de muerte,» the poet declares in «Mayo nuestro,» and we are told in «Salvación de la primavera» that love transpires «Allí donde no hay muerte.» Similarly, Guillén considers in «Anillo» whether the stream that flows over the stones will stop even to die: «¿adónde vas sin miedo de la muerte?» And a few lines later he insists that «Tanto presente, de verdad, no pasa,» and returns to the image of the moving waters and their paradoxical permanence: «Feliz el río, que pasando queda.» As for the end of the poem, Guillén asks with a gentle arrogance «¿Por vencida te das ahora, Muerte?» Human consciousness is expanded in moments like these. Because it lives in love it seems infinitely creative and eternal. [9]

But is this really more than wishful thinking? Doesn't Guillén know that all of life and the cosmos, in accordance with the second law of thermodynamics, moves swiftly and inexorably toward oblivion? Death, we are told, is the natural fate of the individual and of the entire universe. Guillén, in fact, is quite familiar with this view, and he takes it into account on several occasions. In the first love poems of the collection, «Los amantes,» there is an explicit identification of love with death, one which has both confused and disconcerted critics. [10] For the poem ends with a somber insistence on a vast emptiness: «Sólo, Amor, tu mismo, / Tumba. Nada, nadie, / Tumba. nada, nadie. / Pero... —¿Tú conmigo?» And also, in a short but very important piece called «Más amor que tiempo» Guillén, rapt in amorous ecstasy, remarks: «Sentí de pronto en vértigo los minutos, los días / Como una sola masa de precipitación / Que sin cesar corriese, descendiese, cayese, / Arrastrando un terrible provenir fugacísimo, / Quizá de mucos años, de mucho amor.» Here again, love is inseparable from destruction, one which appears as apocalyptic and apparently irreversible. All of this seems more like the vision of Lorca, and clearly contradicts the affirmative view that we have been examining until now. But in reality, these moments are simply Guillén's way of letting the reader know that he as author is aware of the tensions that are always a part of Being. Earlier, he recognized the real danger of a «perdida en la carne inacabable» («Más esplendor»), but ultimately transcended that threat in an impassioned perception of a «Verdad inacabable» («Salvación de la primavera»). Now, in a similar fashion, Guillén looks squarely at the possibility that love is nothing but death, and goes on to transcend that conclusion in a more hopeful interpretation of love and the universe. For in «Más amor que tiempo,» immediately after presenting his dramatic intuition of the «terrible porvenir fugacísimo,» the poet suddenly reverses the direction of his thought and boldly remarks: «¿Y qué? / ¡Si el presente nos colma de tal dominación, / De un ímpetu absoluto sin encaje en el tiempo!» This affirmation of his participation in an absolute present which is incompatible with time wins the day and transforms apparent disaster into a victory.

In addition, however, to this moment, there is an entire poem which Guillén dedicates to this important theme. «Pleno amor,» the last love poem in *Cántico* and therefore the author's last word on this topic here, has not been fully understood by critics because it presupposes the qualifications that have been a part of the present discussion. This poem, in an imagery that leaves little room for doubt, powerfully asserts an identity between love and a catastrophic disintegration of the whole universe:

> No hay más ruta
> Que este más allá mortal:
> Vértigo de una dulzura
> Que de más vida en más vida
> Se atropella, se derrumba,
> —¡Llega a tal embriaguez

El ser que desde su altura
Conspira al derrumbamiento!—
Y va a la noche desnuda
Con un ansia de catástrofe,
O de postrer paz, en fuga
Final ¿hacia qué reposos,
Qué aplanamientos, qué anchuras?
¿O hacia la aniquilación
Desesperada?
                    ¡Concluya,
Concluya tanta inminencia!
Todo se confía —nunca
Más estrellas en el cielo—
A su pesadumbre muda,
Fatal.

Here is a cosmic love indeed, a cosmos that *is* essentially love,
but one also which is exhausting its energy and moving inexorably
toward its own destruction. This is not, or course, original with
Guillén. It is simply his elaboration of what cosmologists have
labeled the «Big Bang Theory» of the universe, one which explains
the latter as a result of a primordial explosion and which views the
galaxies and planets as all doomed ultimately to oblivion. At the
moment when the force of that explosion diminishes to the point
where all forms of life and matter cease to be projected or
«created,» the universe will cease to exist. The version Guillén
presents here is that of an «open» model, because the energy of the
cosmos never turns back upon itself in order to recreate the condi-
tions which might make possible another explosion and hence
another universe.[11] The poet's reaction to all of this is complicated.
He recognizes that the process is impossible to resist, and that love,
like everything else, appears destined to perish forever. But at just
the moment death and nothingness seem to have gained the upper
hand, Guillén suddenly reverses his thought, much as he did earlier
in «Más amor que tiempo,» and asserts that this is *not* a
catastrophe, but a union of the soul with the flesh, of spirit with
matter, which culminates in a pure and more perfect vision of love:

¡Sea!
Fatalmente
Puede más que yo la angustia
Que me entrega a la catástrofe,
—Todo conmigo sucumba—
Que no será...
                              que no es
Una catástrofe —¡brusca
Perfección!— por más que abdique,
Y se desplome y se hunda
—Amor, amor realizado—
El alma en su carne: puras.

In this dramatic reversal, a cosmos destined initially to entropy and destruction seems transformed by human love into an immortal creation. Being affirms a victory over non-being and the universe apparently has been saved.

Of course this is nothing more than an interpretation. But in the highly speculative realm of cosmology even the truths of science are, at best, interpretations. Furthermore, as we suggested above, there does exist a view of the universe which is «closed» rather than «open,» that is, one which maintains that all of the cosmic material will eventually explode again and produce another creation. What matters here, above all, is the *plausibility* of such a view given our present state of knowledge. Hence there has been talk among scientists of a principle of *syntropy* or negative entropy which coexists and counteracts the force of entropy. Buckminister Fuller, for example, insists «that in counterbalance to the expanding universe of entropically increasing random disorderliness there must be a universal pattern of omnicontracting, convergent, progressive orderliness, and that man is that anti-entropic reordering function...»[12] Guillén's understanding of love and its momentous bearing on the constitution of the universe fits in very well with such a view. Throughout *Cántico* in general, and in all of the poems by Guillén that we have examined here in particular, the capacity to give and to receive love miraculously converts man into an absolute creative agent, an «anti-entropic reordering function.» In this way, Guillén's philosophy of love, which is also his philosophy of the cosmos, comes to express a truth which is intuitive, rationally plausible, poetic and precise. And within the broad confines of that remarkable truth there emerges the harmony of a reconciliation of life with thought, psyche with cosmos, and of man with Being. In the important commentary that Guillén published in the Gredos anthology of his poems, he insists, characteristically, that «el hombre se afirma afirmando la Creación.» And shortly afterwards, in a phrase that unfortunately could well describe his friend Lorca, he adds: «Desventurado el hombre cuando pierde tal equilibrio.»[13] In this existentialist age of anguish, masochistic self-pity and despair, it seems to me that we have enough images of man as a failure. No one can deny that man fails, nor that we must be able to look upon that experience with a steady courage and a strong heart. But surely the time has come to focus our attention squarely on the genuine virtues of man in a cosmos that is filled with meaning and worth living in. Both Lorca and Guillén are superb poets, and the effects they achieve as well as the complex visions they elaborate are invaluable cultural treasures. Guillén, however, holds out to us a metaphysical and human truth which is, in the last analysis, higher and more necessary for the age in which we live. And the artistic genuis of these two poets being equal —as I believe it is—, I cannot but express my personal preference for the extraordinary esthetic and philosophical achievement of *Cántico*. The only question that remains is whether or not contemporary man can be courageous and mature and healthy enough to be worthy of that vision. In «Muchas gracias, adiós,» Guillén observes:

> He sufrido. No importa
> Ni amargura ni queja.
> Entre salud y amor
> Gire y zumbe el planeta.

Is man today too immersed in the triviality of a non-loving existence and too intimidated by sheer humbug —technological, materialistic, academic— to appreciate the power and signficance of such an affirmation? Or might Guillén's perception not also become our perception of cosmic love?

NOTES

1. «Amor en Stendhal,» in *Estudios sobre el amor* (Madrid: Revista de Occidente, 1970), p. 89.

2. See especially the studies of Gustavo Correa: *La poesía mítica de Federico García Lorca* (Eugene: University of Oregon Press, 1957); Cristoph Eich: *Federico García Lorca: Poeta de la intensidad* (Madrid: Gredos, 1970); Carl Cobb: *Federico García Lorca* (New York: Twayne, 1967); and Lopez Morillas' essay on Lorca's lyrical primitivism in *Intelectuales y espirituales* (Madrid: Revista de Occidente, 1961).

3. See Dámaso Alonso's «Los impulsos elementales en la poesía de Jorge Guillén» in *Poetas españoles contemporáneos* (Madrid: Gredos, 1965); Joaquín Casalduero's *Cántico de Jorge Guillén y Aire Nuestro* (Madrid: Gredos, 1970); the studies of Ricardo Gullón and José María Blecua in *La poesía de Jorge Guillén* (Zaragoza: Editorial Zaragoza, 1949); Oreste Macri's *La obra poética de Jorge Guillén* (Barcelona: Ariel, 1976); and Joaquín Gonzalez Muela's *La realidad y Jorge Guillén* (Madrid: Insula, 1962). Along with Alonso's penetrating essay, I have found Gonzalez Muela's study particularly sensitive and stimulating.

4. Given the wide accesibility of *Cántico* and the *Romancero gitano* in several editions, I shall mention the titles of poems in the text and let readers guide themselves with the index that appears in the edition they are using.

5. «Prólogo,» in *Selección de poemas* (Madrid: Gredos, 1965), p. 18.

6. Cf. *Federico García Lorca: Poeta de la intensidad,* pp. 101-102 and 136-137.

7. «El origen deportivo del estado,» in *Obras completas,* Vol. II (Madrid: Revista de Occidente, 1946), p. 613.

8. Carl Cobb is even led to state that «the predominant specific theme of the *Gypsy Ballads* is the omnipresence of the sexual instincts, not love but mere physical passion...» And given the terms in which he prefers to pose the problem, he is, of course, quite correct. Cf. *Federico García Lorca,* p. 59.

9. For other references to similar affirmations, see «Más esplendor» and especially the final verses of «Mundo en claro.»

10. See Juana Granados: *Antología lírica* (Milan-Varese: Instituto Editoriale Cisalpino, 1955), p. 28; and Gonzalez Muela: *La realidad y Jorge Guillén,* pp. 147-48.

11. Cf. Hagjit Singh *Great Ideas and Theories of Modern Cosmology* (New York: Dover Publications, 1961).

12. *No More Second Hand God and Other Writings* (Carbondale, Illinois, 1963), p. v. The life work of the late biophysicist Lancelot Law Whyte is another example of a similar belief. Cf. *The Universe of Experience* (New York: Harper & Row, 1974). Also see Arthur Koestler's discussion of «negative entropy» in *Janus: A Sum-*

ing Up (New York: Vintage, 1978), pp. 222-226.

13. *Selección de poemas,* pp. 11 and 18 respectively.

14. El centenario de Ronsard,» *NC,* 23 Marche 1924.

15. «Curiosidades,» *NC,* 12 February 1924.

16. «El centenario de Ronsard,» *NC,* 23 March 1924.

17. «El premio de los postergados,» *NC,* 15 March 1924.

18. Reported by Hugh Kenner in *The Invisible Poet: T.S. Eliot* (New York: McDowell, Oblensky, 1959), p. 96.

19. «El segundo Juan Ramón Jiménez,» *NC,* 16 January 1924.

20. «Oráculo de Europa,» *NC,* 9 March 1924.

21. «Centenario de Ronsard,» *NC,* 23 March 1924.

22. «El 102,» *NC,* 23 January 1924.

ULTRAISMO AND TRADITION:
TWO SONNETS OF GERARDO DIEGO

Nancy B. Mandlove
Westminster College

Much has been written about two parallel tendencies in the work of Gerardo Diego: the experimental, *creacionista* poetry of such volumes as *Imagen, Manual de espumas, Biografía imcompleta* and that based on traditional forms—*Versos humanos, Alondra de verdad* and *Angeles de Compostela.*[1] Diego, at the forefront of the Spanish avant-garde of the 20s, is also principal sonneteer of his generation. Of primary concern within the context of this study is the mutual impact of *ultraísmo* and tradition: the relationship in Diego's work between the new poetic and artistic movements of the 10s and 20s in which the poet participated *(ultraísmo, creacionismo, cubismo)* and his use of the traditional sonnet form. Since it is not possible to explore this relationship in great detail in such a limited presentation, an analysis of two sonnets («Ante las torres de Compostela» and «Aquella noche») must serve to illustrate the poet's incorporation of such *ultraísta* concerns as experiments with time and space, multiple perspective, fusion of the arts and free association into the traditional sonnet form.

An initial reading of «Ante las torres de Compostela» reveals a sonnet in which form and content are perfectly matched. The architectural subject, the towers of the Cathedral of Santiago, give form and support to the speaker's expression of personal emotion, while the highly structured sonnet form further orders the fusion of interior and exterior reality inherent in the double thematic content.

TAMBIEN la piedra, si hay estrellas vuela.
Sobre la noche biselada y fría
Creced, mellizos lirios de osadía,
creced, pujad, torres de Compostela.

Campo de estrellas vuestra frente anhela,
silenciosas maestras de porfía.
En mi pecho —ay, amor— mi fantasía
torres más altas labra. El alma vela.

Y ella —tú— aquí, conmigo, aunque no alcanzas
con tus dedos mis torres de esperanzas
como yo éstas de piedra con los míos,

contempla entre mis torres las estrellas,
no estas de otoño, bórralas, aquellas
de nuestro agosto ardiendo en sueños fríos.[2]

The ambigous beginning of the sonnet produced by the use of
«también» without reference to the missing half of the comparison
implies from the outset that the subject of the poem is, at least,
double. The image «mellizos lirios» in the third line, followed by
the nearly parallel construction which terminates in «torres de
Compostela,» supports the impression that the subject of the poem
is double. On one level, the twin lilies are the identical towers of the
Cathedral rising against the night sky. However, coupled with the
incomplete statement of the first line, the use of a metaphor so
distinct from the rugged stone of the Cathedral (delicate white
flowers) suggests that there is still another level of meaning in the
poem not yet revealed.

The second quatrain introduces the accompanying themes,
personal desire and lost love, which are elaborated in the sestet.
«Torres de fantasía» and «torres de esperanzas,» constructs of the
speakeŕs interior world are superimposed on the exterior structure
and are carried upward, supported by the architectural strength of
the Cathedral. The themes of the octave and the sestet, the exterior
reality of the Cathedral and the interior reality of the speaker's
desire and memories, are fused in the image of the towers.

A closer analysis of the poem reveals that the two levels of experience are fused not only through the double image metaphor,

but through a complex series of techniques designed to produce the effect of constantly shifting perspective and multiple points of view. Sound links, rhyme, paradox, double meanings, and the subtle blending of one word into another are techniques woven into the sonnet structure to produce the simultaneous presentation of multiple levels of reality, very much in harmony with *ultraísta* objectives. In the second line, the night is described as «biselada y fría.» The night sky, background of the Cathedral towers, is presented in sculptural, architectural terms, making it as concrete as the stone itself. The transition from the first quatrain to the second is effected through the break down of the word Compostela to its original form, «campo de estrellas,» which not only provides an almost musical link between the two stanzas, but also causes the reader to reflect on the original meaning of the word. Compostela, «campo de estrellas,» brings heaven and earth, Cathedral and sky together, projecting the solid, material domain of the earth onto the sky and making it too, concrete, substantial. The background of the scene contemplated by the speaker comes forward and is structurally joined with the foreground through a process not unlike that of the Cubist materialization of space. Furthermore, the expansion of the abbreviated word into the full version effects a shift in perspective, as the focus of the reader's attention is directed up and outward along the line of the towers, expanding in harmony with the language into the surrounding heavens.

While the structure of «Ante las torres» follows for the most part that of the classical sonnet with respect to metre, rhyme scheme and thematic shift between octave and sestet, the transition between objective reality and subjective emotion which begins with the exclamation, «ay, amor,» in line seven, emphasizes the architectural, geometrical quality common to Diego's sonnets. The exclamation, located at the exact center of the poem and set apart by hyphens, calls attention to itself as both the thematic and visual center of the sonnet. It is the central point at which the experience of exterior reality evokes the emotional response of the speaker. The major transition between the two themes occurs, as it does in the classical sonnet, in the shift from octave to sestet. The poet effects a smooth and gradual transition from one level of experience to another through the use of sound links and grammatical elements which lead to progressive alterations of perspective («El alma vela. / Y ella —tú— aquí, conmigo»). At the end of the octave the speaker's contemplation of the Cathedral is no longer a physical action, but a readiness to absorb the experience on both the objective and subjective levels. It is now the soul that watches and waits. The last line of the octave is linked to the first line of the sestet through the sound resemblance between *vela* and *ella*. The sound similarity between the verb and the subject pronoun and the gender correspondence between *alma* and *ella,* gives the impression that *ella* refers to a woman, which again changes the persepctive. It becomes apparent that *ella* is charged with double meaning, pointing both backward to the octave and forward to the new theme of the sestet. The addition of *tú* not only brings about the recognition that *ella* refers simultaneously to aspects of both speaker and woman, but makes clear that another shift in perspective has occurred in the transition from third person to second person, a shift which draws the subject closer to the speaker. The transition is complete when the perspective has shifted to the point where the woman, no longer distant, stands on the same plane with the speaker («aquí, conmigo»).

In the final tercet, both levels of meaning in the sonnet have been brought to the foreground and are presented simultaneously. «Mis torres» in line twelve refers at the same time to the Cathedral towers, the speaker's «torres de fantasía» and «torres de esperanzas.» Time now is subjected to alterations in perspective similar to those which occurred in space earlier, only in reverse order. In line twelve, the reader comprehends the stars, like the towers as both present on the level of physical reality and as symbolic of the speaker's desire, incorporating simultaneously the two levels of meaning in the poem. The next line immediately alters that perception however, as the stars are pushed progressively backwards in time («estrellas/ no éstas ...aquellas»). Again the shift is progressive, dependent on assonance and rhyme to facilitate the backward evolution of present to past. The final line of the sonnet alters the perspective once more, uniting past and present, love and the memory of love in a simultaneous presentation made possible by paradox («de nuestro agosto ardiendo en sueños fríos»). Throughout the poem then, Diegoś use of shifting, multiple perspective through which various planes of experience blend into one another or are presented simultaneously recalls avant-garde experiments with the multi-dimensional representation of time and space.[5]

The second sonnet, «Aquella noche,» written in 1936 (seven years after the first), refers specifically to the previous sonnet. The

double image metaphor of «Ante las torres» is repeated in the first
stanza of «Aquella noche» and amplified, as a new time dimension
is brought to bear when the past is superimposed on the present.

Aquella noche de mi amor en vela
grité con voz de arista aguda y fría:
—«Creced, mellizos lirios de osadía
creced, pujad, torres de Compostela».

Todos los Santos, sí. Ni una candela
faltó a la cita unánime. Y se oía,
junto a Gelmírez, por la Platería,
el liso resbalar de un vuelo a vela,

la ronda de los Angeles. Yo, oculto,
entre las sombras de los soportales
difuminaba mi insoluble bulto

para medir, grabar moles y estrellas,
pautar cantigas—¿Mártires, Doncellas?—
y el santo y seña de las catedrales.'

The first line of the sonnet immediately recalls the theme of the
previous one — the speaker's recollection of lost love evoked by the
sight of the Cathedral towers. «Aquella noche» refers to the time of
the writing of the first sonnet, but incorporates as well an even
earlier time, the time of «aquellas (estrellas)» recalled in the final
tercet of the previous poem, the time when speaker and lover were
united. Thus the opening line of the sonnet fuses three different
time planes: the present, the past of the first sonnet and an even
more distant past. The direct quote from «Ante las torres» with
which the first quatrain ends, again superimposes the previous
poems onto the present one and by placing the double image
metaphor into a new context, implies that the levels of meaning will
continue to grow and expand.

Having established the presence of the first sonnet within the
second, Diego continues to rely on the reader's recollection of the
former in conjunction with «Aquella noche,» which then fills the
second stanza with double meanings. In the first line, «Todos los
Santos, sí,» refers to the physical presence of the saints (the many

sculptural and architectural figures in the Cathedral of Santiago)
and to their spiritual presence (the atmosphere of the Cathedral) in
the context of this sonnet. With reference to the previous sonnet, it
refers as well to the date of composition (All Saints Day, 1929). The
speaker emphasizes the multiple levels of experience brought
together in a single moment of time with the multi-faceted expression, «la cita unánime.» The many meanings of the word «cita»
allow it to suggest simultaneously the speaker's appointment with
the former lover evoked in the previous poem by his experience of
the Cathedral or even the incorporation of his own quote within the
poem. The adjective «unánime» implies that the word «cita» is intended to be all-encompassing.

The rhyme scheme of the octave, which forges a connecting
link among those words that rhyme, also contributes to the multiple dimensions of this sonnet through the semantic similarities that
complement the sound pattern («en vela, Compostela, candela, a
vela»). The multiple meanings of the word «vela» (wakefulness,
vigil, funeral, candle, pilgrimage, sail) amplify the significance of
the first and fourth rhymes in this pattern, as the reader connects
«en vela» with «a vela» and then associates all of the additional
meanings simultaneously. The rhyme scheme also links the first
sonnet and the second, as both are dependent on the same pattern.
The echo of the first poem («vuela, Compostela, anhela, vela») re-
sounds in the second and expands the meaning of both.

While the octave of «Aquella noche» repeats the themes of
«Ante las torres,» it also introduces a new theme, the nature of Diego's poetic creation, which will be elaborated in the sestet. In the
second line, the speaker says, «grité con voz de arista aguda y fría»
with reference to the composition of «Ante las torres.» The nature
of the poetic voice, described in sculptural, architectural terms,
matches and is one with the architectural subject of the two poems
and with the sculptured precision of the sonnet form. The transition from octave to sestet effects a shift in emphasis, from recollection of the whole experience of Santiago evoked by the first poem,
to concentration on the act of recording that experience in poetry.
The speaker/poet paradoxically disappears («difuminaba mi insoluble bulto») in order that the poem become the substance and
the subject of the sonnet («para medir, grabar moles y estrellas,/
pautar cantigas»). Again, the language Diego uses to describe the
act of poetic creation is appropriate to both poetry and architecture, for *medir* means at once to measure (arch.) and to scan

(poetry), *grabar* to engrave (arch.) and to record (poetry), *pautar* to rule (arch.) and to rule lines on paper (poetry). The objects of those verbs also refer to both poetry and architecture, the double theme of the sonnet, for «moles y estrellas» incorporates reference to the massiveness of the Cathedral against the night sky (subject of both sonnets) and (metaphorically) to the combination of exterior and interior reality expressed in the poems. «Cantigas» refers specifically to Diego's poetry, but in terms of the troubadour tradition, an integral part of the experience of Santiago. Through language then, the medium of poetry, Diego has translated the arts of architecture and music and has fused the experience of all three into an inseparable whole.

Diego has described himself in connection with various works as *creacionista, cubista* and *ultraísta,* the latter term incorporating both of the former and extending beyond them. While these two sonnets do not fall into any of the above categories, something of those movements remains in Diego's work and in conjunction with the traditional, gives these poems a unique quality. There are obvious differences, of course, between typically *ultraísta* poetry and these sonnets, notably: the suppression of transitions and connecting links which characterizes much vanguard poetry, the gratuitous nature of *ultraísta* imagery, its lack of narrative elements, the absence of an easily identifiable central object, its frequent emphasis on free association and the freedom from limitations of verse form. However, while the Cathedral of Santiago is easily discernible as the central object of these sonnets and all content is directly related to that object, the structure observed within the form does not serve to order the sequence of events in any kind of chronological pattern, but rather works to create the simultaneous presentation of the total experience. Physical, emotional, spiritual, historical and legendary aspects of the Cathedral, as well as the act of transforming those elements into poetry, are superimposed upon one another, resulting in the fusion of disparate planes of time, space, interior and exterior reality — a result very much in harmony with *ultraísta* objectives.

The process of free association which expands the levels of meaning in many *ultraísta* poems by making them completely open-ended, becomes a process of highly controlled association in these sonnets. Meaning expands from *within* the form, which acts as a frame beyond which the content cannot expand, but against which it strains, creating a dynamic tension between the two.

The combined techniques of superimposition and shifting, multiple perspective in these sonnets brings them, in many respects, close to the Cubist ideal of looking at an object from all sides at once, as well as from the inside and the outside. It produces too, a cinematographic effect, as one image blends smoothly into the next without the intervention of conjunctions or grammatical connections which call attention to themselves.

While a «Cubist sonnet» may be a contradiction in terms, Diego's sonnets do seem to have benefitted greatly from his *ultraísta* experiments. The poet's subjection of *ultraísta* concerns to the highly controlled and ordered sonnet form illustrates the dynamic tension and vital energy produced by the confrontation and mutual accomodation of experiment and tradition.

NOTES

1. See Andrew P. Debicki, *Estudios sobre poesía española contemporánea: La generación de 1924-1925* (Madrid: Gredos, 1968), p. 262 and Enrique Díez-Canedo, *Estudios de poesía española contemporánea* (Mexico: Joaquín Mortiz, 1965), pp. 218-221.

2. *Versos escogidos* (Madrid: Gredos, 1970), p. 37.

3. One is reminded particularly of Robert Delaunay's *La Ville de Paris* in which three views of a woman are geometrically integrated with suggestions of architectural elements of the city of Paris and of Diego's own *creacionista* poems. «Aposento» from *Limbo* is also an attempt to fuse various time planes through typography, but results in a still linear and therefore less simultaneous impression than «Ante las torres.»

       Los   tres   relojes

       HOY   AYER   SIEMPRE

       c o i n c i d e n

Poesía de creación (Barcelona: Seix Barral, 1974), p. 113.

4. *Angeles de Compostela* (Madrid: Edita Giner, 1961), p. 29.

READER COGNITION AND THE DIALECTICAL IMAGERY IN THE POETRY OF GERARDO DIEGO

Timothy J. Rogers
Miami University

The poetic world of Gerardo Diego, especially in his early «creacionista» poems in *Imagen múltiple* (1922) and *Manual de espumas* (1924), is a world that appears to border on the chaotic; a world of apparent irrational imagery, illogical poetical or metaphorical associations of imagistic visions which seem completely divorced from, at the very least, a perceptibility or comprehension that a comtemporary reader may bring to the poems. Gerardo Diego's use of the metaphorical language impinges upon the reader's intellectual powers and charges him with visions and imagery that require him to reestablish and to reorder his own conceptions of reality. The reader thus must take apart those images by synthesizing the various levels of the poetic reality (i.e., what is perceived in the objective and concrete images) in order to find the newer reality hinted at in the poetic statement. In this wise, the reader becomes as much the creator of the poem as Gerardo Diego, since he, the reader, must intuit for himself the associations (or disassociations) which the poetic voice states or implies. The reader's perception of the poetic reality formed through the imagery itself, in turn, initiates the first level of an intellectual challenge. It is a challenge that is set in motion by the contrastive elements of what *is* and what *is suggested*. The ultimate resolution lies in the newer vision engendered by the deeper insights, awareness, and appreciation of a higher order of human experience. The confrontation between the apparent essence of the concrete objective reality clashes with the intuited symbolic reality and out of this dialectical situation emerges the synthesis of the recreated vision.

The poem «Fe» taken from the volume *Imagen múltiple* is illustrative of the dialectical nature of this poetic process.

Gusanos del papel
van hilando los libros con la miel

Aunque todo se pierda

                    queda un rastro de garganta
                         y un temblor de agua

No temas
Cuelga tu vida como ropa inútil
y chapúzate en músicas desnudas

Para los sueños imposibles
la luna se hizo carne

                         Yo he visto una mujer
                         modelando su hijo
                 con una máquina de coser[1]

As readers, we are confronted with a series or clustering of seemingly irrational, disjointed, kaleidoscopic images which appear on the surface to possess some potential anecdotal meaning. We, at first, must select between the various signals that the poet conveys to us, as for example, the title itself which immediately establishes for us the normal expectancy of some possible declaration of a belief or profession of faith on the part of the poetic voice. Yet, the very first verse surprises us when we read: «Gusanos del papel van hilando los libros con la miel.» The images or «imágenes visionarias» to borrow from Carlos Bousoño's lexicon intrigue us because of their allusive conotations: worms permeating the paper, woven books with honey form an incredible association at the very least. Can the reader accept such imagery? Worms normally strike us as a rather negative (even death-like) image; moreover, they apparently are engendered from the paper itself and within the poetic vision they *weave*, a concept that we probably would take as a normally positive and creative image, such as we might imagine with «gusanos de seda.» But a displacement of values occurs when we juxtapose the negative connotation of the worms with the idea of the honey. Honey, normally, implies sweetness, a promise of some delight, pleasure or even reward for efforts. Thus, we must struggle with the contentiousness of the imagery of the first verse in order to grasp some idea of what indeed we are confronted with. Are the worms merely the words that appear on paper, the substance of books, and the honey a negatively charged image that implies falseness, oozing sweet but distrustful statements, truisms, aphorisms and the like? Are books as well as the written word to be questioned? And, is the power of verbal and written expression to be questioned as well?

The equivocating statement «Aunque todo se pierda» establishes an implied tension or conflict—for there still remains a trace of throat and a tremor of water. What intrigues us is the rationale behind the sense of some possible loss as well as to wondering what it is that is lost. Is it the poetic voice's means of expression, sense of fulfillment, his destiny? We, of course, note the paradoxical antithesis of the images; we would expect a «trace of water» and a «tremor of throat.» The combination of irrational dualities is not what surprises us so much. We have become accustomed to such surrealist images (recall Aleixandre's «espadas como labios»). A trace of throat could suggest his voice in the sense that he can still speak, utter his feelings, shout out whatever anxieties that he may feel. The image of a tremor of water associated with that of the throat may well serve as a complementary image suggesting saliva as a rational first level imagistic association or on the conceptual level the idea of the spiritual essence of man. From this, one might well sense the potential for the archetypal concept of water in its relationship to life.

The following verses, conciliatory in tone, appear to suggest hope but a qualified hope. «Don't fear,» annunciates the poetic voice and the reader immediately perceives the potential counterposing of some affirmative responses to the implied negative statements of the earlier strophe. The image of life as a useless piece of clothing offers a variety of existential possibilities. The piece of clothing (reminiscent of Machado and perhaps later Hernández) may serve as a symbol of a lack of vitality; the clothing while equating to material substance in an interesting manner reestablishes the imagery of the first verse with its notion of weaving as it interrelates with the book image and could simply suggest the stripping of one's vanities and false pretenses. Taken one step further it could subtly imply the possibility of stripping oneself as a prelude to the potential concepts of a transcendental experience found in the water-music imagery of the following line and thus equate to a spiritual state. As such, the music image carries an implied mystical sensitivity or symbolism (i.e., naked equals pure, unadorned music in the order of a Fray Luis de León). The harmony of the soul in the psychic contemplation of the oneness of the cosmos certainly comes to mind. The direct intrusion of the poetic voice appears to be advising the reader, though it more likely is self-directed, reflective upon its own spiritual dilemma. In any case, we as readers are now fully caught in the potential higher conceptual meaning of the poem.

A fascinating Christ-like imagistic allusion comes to mind in the following strophe, i.e., the moon became flesh. The moon, archetypal image as goddess, normally symbolizes procreation and regeneration of life through birth. Juxtaposed to the idea of «for impossible dreams» it takes on an even more positive valence. Yet, we still are perplexed by the concept of what these impossible dreams consist. Are they allusions to man's earthly aspirations; are they a search for his cosmic destiny? In this sense the moon becomes the symbol not only for the cosmos but also for the entire cosmology. The ramifications of these ideas are multiple and certainly varied and, even though ambiguous as to their significance, they do serve to prepare us for the final strophe.

«I have seen a woman shaping her child with a sewing machine.» It is a forceful vision, especially with its recapitulation of the weaving-clothing imagery and the «moon» symbolism of the earlier strophes. Does the sewing machine serve as an irrational image by fabricating the child in the corporeal sense as the clothing is tied to the material sense and thus indirectly allude to the woman's gestation period? Startling as the image may be, we can accept the idea of the woman's preparation for the arrival of the child by sewing its infant clothing. But to perceive the woman *modelando* the child itself with a sewing machine is quite an unusual and challenging image. Is the sewing machine a view of the contemporary scene with the invasion of modern society by a mechanized world with its attendant dehumanizing effects?

With such a perusal of the poem, what have we experienced? The poem appears to have a rational and anecdotal base, yet we cannot be sure. The images won't allow us. And, as we proceed through the poem we sense that the very images themselves appear to be struggling within and among themselves. We thus struggle to adjust our perceptions—what are the worms, a trace of throat, naked music, a moon becoming flesh, a child shaped by a sewing machine? We do not in effect challenge the poet or his vision rather the vision challenges us. The irrational concrete images, or as Riffaterre would call them «semantic incompatibilities,»[2] stand out as contrastive elements and force us to struggle with them not only on the rational level but also on the conceptual level. The apparent dislocation of ordinary perceptions, that fluidity and transformation of realities so readily observable in the later surrealist movement espoused by André Breton,[3] forces us to readjust our preconceived notions about reality and, in doing so, we recognize Diego's challenge to our sensibilities and this is where we become intellectually, if not emotionally, involved in his poem. The apparent surface level of the poem seems within our grasp but the intellectual confrontation which we experience in these images triggers our cognitive powers to set in order the chaotic thrust of the imagery that seems so incredibly out of synchronization with our sense of reality.

The poem, in the end, appears to be a statement about creativity or the creative process. As such, we glean then a sense of the poet's attitude toward and faith in this process and the power of the creative art. The poem thus goes beyond its own limitations and there is established a dialectical situation in which we must find a means to overcome the apparent chaos we first encounter. We struggle with the images themselves and then, perhaps not so surprisingly, with the rational versus the conceptual levels of meaning as well as with the essential significance of the poem itself.

The semiotics of a poetic language in a poem such as «Fe», of course, offers to each reader the experience of his own intuition and cognition and, as a result, opens itself as a challenge to him. It may well be that it is this very *openness,* as Umberto Eco has observed,[4] which gives a creative work of art its value and importance. This openness lies in Diego's use of dialectical imagery which, again, forces us as readers to experience the poem in a creative manner. It is a technique that pervades much of the corpus of Diego's poetry as has been noted by a number of his commentators. Indeed, Manuel Durán in his book review of Diego's *Amor solo* (1958) offers the salient observation that in Gerardo Diego one perceives the complexity of a Dr. Jekyll and Mr. Hyde: «cuando nos hallamos frente a un nuevo libro suyo la primera pregunta que se nos ocurre es naturalmente: ¿cuál de los dos Diegos lo escribió? ¿el creacionista-surrealista o el neoclásico-religioso?»[5] The response that Durán ultimately renders is that even in *Amor solo* vestigial touches of the earlier «creacionista» mannerism of Diego still persist throughout his later and more contemporary poems. A similar observation is made by Andrew Debicki in his critical study of Gerardo Diego's poetry when he notes that the «poesía relativa» of Diego, that is, poetry written in the more traditional manner, still contains derivatives of the same process as his «poesía creacionista.»[6] The interesting aspect of these two commentaries is the acknowledgement that Diego's poetry is a reflection of a poetic process which, I would suggest, cannot (nor should it) be considered simply a reflection of a singular movement or period. It is a product of a poetic process ensconced in a continuum which has sustained itself and has grown throughout the productivity of the poet in respect to his world view and to his art.

Thus, in a poem «Retrato sin compromiso» written in the late 1950s Diego is still challenging the reader through this device of reader cognition and dialectical language. It is a poem not so far removed from his earlier poetry of the '20's.

> Un trozo de lluvia
> o nube enrejada sin alféizar ni marco
>
> Más arriba una llave acostada
> Encima su cerrojo oh río oh vuelo
> en un prodigio de levitación
>
> Dos golondrinas una verde y otra lila
> persiguen nuestros ojos arrojándose a pico
> Y el surtidor de los sueños piadosamente los separa
>
> Nieva arriba lo sé nieva a destiempo
>
> Lejos más lejos ya inverosímilmente
> dos manos sin motivo buscan frente[7]

The reader notes a series of images purportedly experienced or sensed by some poetic implied voice which seems to stand at a distance from the reader. There is a sensation of a vision being traced or drawn before the reader's eyes. In addition, the images themselves through the strophic development seem at first independent of each other, yet they become coalesced as the vision appears to gain anecdotal force and substance. Within the larger or total vision one notes a wavering on the part of these images; they seem to undergo a transference, a transformation in which things become other things.

In the first strophe, we immediately note the tension and struggle within the perception of a «slice of rain or cloud trellised without splay or frame.» Trellis implies spatial confinement yet in the vision it is without constraint and thus, we have the first intuition to something paradoxical which bears its own antithetical force. For a moment, rain and cloud are captured in a spatial and temporal context and yet are evanescent in essence; they can only be imagined as a point in time and space. Indeed, the poetic allusion to the key and the bolt reinforces this sense of constraint and freedom. Both images conjure the notion of locking and unlocking, and as such underscore the tension established in the rain-cloud-trellis imagery which not only seems perplexing but also elusive. Why the idea of a key asleep or at least reclining and what of the «cerrojo»? Does «acostada» suggest a dream state and that the imagination is free of containment, free to soar as implied in the ensuing apostrophes: «oh río oh vuelo/en un prodigio de levitación»? Can we venture a kind of spiritual transcendence or flight of the imagination in a mystical sense as a concomitant to a mystical oneness with nature or God?

These two opening strophes establish a sense of spatial and temporal wonder with cosmological potentiality and presumably prepare us for some kind of metaphysical resolution. Yet we discover the poetic voice intruding in the third strophe and reflecting upon itself with a kind of surrealist imagery, suggested in the violence of the birds pursuing «a pico» the eyes of the poetic voice. The two «golondrinas» may, as Diego has employed these images elsewhere, symbolize distinctive states of the soul and suggest some sort of lost quest, perhaps a love with its attendant bifurcation of good and bad, happiness and sadness, fulfillment and unfulfillment, and so on. The synesthetic potential of the colors green and lilac tempt us to envision symbolic overtures of life and vitality but they are separable suggesting contrastive differences between them and thus, once again, the potential for dualities and paradoxes. Perhaps the green symbolizes the aspiration and chance for fulfillment, rebirth and fruition, while the lilac may symbolize the motif of sadness and consequently the sense of unfulfillment. Taking the images one step further, one may construe in this strophe the idea of the memory of a time past replete with all its potential for self-introspection and possibly the «surtidor de sueños» which piously separates the oneiric eyes recapitulates the pathos or at least the sad awareness of one's stance before the awesomeness of one's cosmic destiny.

The following strophe «Nieva arriba lo sé nieva a destiempo» may then seem less disturbing to us in so far as one can now sense the symbolic passage of time, and that the poetic voice seems now confronted with the reality of his time present. Snow may well equate to the symbolic notion of the passage of time, old age, the spiritual winter of one's self-awareness. It is a time of receding spirit and of a foreshadowing of stoic resignation and ultimate spiritual death. And certainly in the confluence of a vision engendered in the awareness of one's self-realization, the attaining or the unattaining of one's spiritual quest, the image of the two hands which «inverosímilmente» and «sin motivo buscan frente» sustains the sense of some quest.

Given the anticipatory expectancy imminent in the title «Retrato sin compromiso,» we perceive then that the poem is in truth a portrait but not a physical portrait of nature nor of the poetic voice itself in the final analysis, but rather a «psychic portrait.» It is a psychic portrait that cannot contain the essence of an introspective soul immersed in that state of wonderment of its very anima. It is a poem that takes us, as readers, on that «vuelo en un prodigio de levitación» in which we leave behind for a moment our own preconceived perceptions of the concrete and rational images and transmute them in such a way that we can find, as Professor Debicki suggests,[8] our own means of transcending our frame of reference and, in doing so, see a higher order and meaning in the poem. The idea of the creative process we first noted in the poem «Fe» seems to me to be still a part of Diego's poetics—that process that fosters within us a sensitivity which develops out of our willingness to struggle with the innate tensions of the dialectical imagery. We cannot be satisfied with the apparent irrational images since our rational perceptions clash with them. Yet, out of this very clash grows our synthesizing of the images and the poetic experience. We perceive a newer order. By being thrust into an uncomfortable, ambiguous, and disharmonious state we struggle and recreate a newer experience. «Retrato sin compromiso» becomes then or takes form from our own inner growth and becomes our own «psychic portrait» of an inner time and space and of our own quest unconstrained and unfettered.

The key to unlocking the complexities of the dynamics of Diego's metaphoric language lies, I believe, in his use of dialectical imagery which impinges upon the reader's cognitive and intuitive powers and draws him into poetic visions which abound in bipolar planes or levels of reality. At times, especially in many of Diego's early poems of the «creacionista» period, the dialectical situations arise from the very images themselves as they seem to struggle between and among themselves on the one hand, and on the other from the reader's preconceived notions of these images on the superficial level and the almost obligatory requirement to synthesize on a more conceptual level what meaning and significance the poem can have for him. This meaning and significance, in turn, arises not only out of the poet's experience but also out of the reader's. Indeed, it is a point Gerardo Diego himself observed in his poem «Ultima palabra»:

Y mi poesía es mía mía
es tuya es suya es de los tres[9]

NOTES

1. Gerardo Diego, *Poesía de creación* (Barcelona: Seix Barral, 1974), p. 65.

2. Michael Riffaterre, «Semantic Imcompatibilities in Automatic Writing,» in *About French Poetry from Dada to Tel Quel,* ed. Mary Ann Caws (Detroit: Wayne State Univ. Press, 1974), pp. 223-41, contends in his persuasive argument that the absence of logical relationships between words stems from the result of «semantic incompatibility» relative to metaphorical language.

3. Anna Balakian, «Metaphor and Metamorphosis in André Breton's Poetics,» *French Studies,* 19, No. 1 (1965), 34-41.

4. Umberto Eco, *The Role of the Reader: Explorations in the Semiotics of Texts* (Bloomington: Indiana Univ. Press, 1979), p. 33, notes that the «type of cooperation requested of the reader, the flexibility of the text in validating (or at least in not contradicting) the widest possible range of interpretive proposals—all this characterizes narrative structures as more or less 'open'.»

5. Manuel Durán, «Gerardo Diego y la sorpresa poética,» *Revista Hispánica*

Moderna, 27 (1961), 34.

6. Andrew Debicki, *Estudios sobre poesía española contemporánea: La generación de 1924-25* (Madrid: Gredos, 1968), p. 275. Debicki further adds the salient note that Diego's continued use of the «creacionista» imagery even in his traditional poetry enables him to avoid any strains of unwanted sentimentalism.

7. Diego, p. 292.

8. Debicki, p. 271.

9. Diego, p. 308.

T.S. ELIOT AND JORGE GUILLEN: TOWARDS A «REVOLUTIONARY» CLASSICISM.

K. M. Sibbald
McGill University

Most critics writing on T.S. Eliot and Jorge Guillén have at some time drawn parallels between the younger men and Paul Valéry. All too often such parallels have led to qualitative comparative studies whose object has been to prove the dependence of the younger writers on the elder's method of poetic creation. Thus, specific terms like «Classicism» have been hopelessly abused and / or confused and, depending upon the individual vantage point, have degenerated into mere labels signifying approval or, more commonly, censure. Such back-handed compliments have usually turned out to be sharp kicks in the shin for both Eliot and Guillén. Equally ironically, the few scholars who have drawn parallels between Eliot and contemporary Spaniards have done so between Eliot and Guillén's most intimate friend, Pedro Salinas [1], and between Eliot and another member of the generation who, in his earliest work at least, learnt so much from Guillén, Luis Cernuda. [2] Again no real comparative criticism has emerged since mention of Eliot's name has served only to drop the grain of incense and momentarily enhance a reputation. [3]

In the midst, therefore, of at worst confusion and at best missed opportunity, let me make two affirmations. First, that there is an ideological connexion between T.S. Eliot and Jorge Guillén which, if not unique to these two, is curiously well-founded in their case. Such a connexion is based on Eliot's «European Idea», namely that interaction between the members of a leisured elite who engaged in a struggle to preserve and continue their conception of the tradition of European culture in the inter-War years. Numerically a very small percentage of Europeans, this leisured elite lobbied in the great network of European reviews like *La Nouvelle Revue Française, The Criterion,* the *Revista de Occidente,* the *Nuova Antologia* and the *Europaeische Revue,* for a revival of a cultural Europeanism in which the literary standard, «the best», would coincide with the intellectual standard, «the classical.» Classicism, therefore, was viewed as the unifying tendency of this connexion. Secondly, that, given this new critical alignment between Eliot and Guillén where personal influence is of minimal importance, a clear separation should be made between them and Valéry. Both Eliot and Guillén were heirs of Symbolism; neither was content merely to continue that aesthetic. At, remarkably, almost the same point in time. i.e. by about 1926, both had rejected «pure poetry» and offered instead their individual syntheses, Eliot's «transparent poetry», which would later go beyond poetry, and Guillén's «poesía central», later defined as «poesía integral.» These conceptions of what poetry might be in the twentieth century are individual but share one important characteristic, namely, an esotericism which turned to a form of exotericism. That exotericism still demanded concentration, intellectual acuity and sensuous appreciation from the reader, but both poets had taken poetry once and for all out of the inhuman or superhuman realm of Valéryan «pure poetry.»

Clearly, the substantiation of these affirmations is beyond the scope of a short paper. Classicism, however, is the *sine que non* deserving our attention which will provide the focus here. As a term with meaning in comtemporary times, Classicism belongs to the inter-War years and more specifically to the early 1920s. Guillén was then better known as a critic than a poet. If the same is not quite true of Eliot, his anonymous critical writings for *The Times Literary Supplement* and the «Notes» and «Commentaries» for *The Criterion,* founded in 1923, which belong to this period were more immediately influential that his rather slim output of poetry. In consequence, as a restricted but representative *corpus*, I have chosen to concentrate on the eleven critical essays written by Guillén under his second pseudonym, Félix de la Barca, in the period between January and April of 1924 for the newspaper *El Norte de Castilla.* In addition, throughout this study the parameter of interpretation of terms will be fixed by reference to Eliot's editorial notes to the first five years of *The Criterion.* It is the contention here that almost exactly what Eliot referred to as «revolutionary» Classicism in 1923 may be found in Guillén's articles of 1924, which, thus, point to a clear case of literary coincidence hitherto unexplored.

As early as 1920 Eliot had recognised that Classicism (and its supposed counterpart, Romanticism) were rarely more than «convenient historical tags» and with great prescience opined that it would be better «if we employed both terms as little as possible, if we even forgot these terms altogether, and looked steadily for the intelligence and sensibility which each work of art contains».[4] On balance he was probably right, and if his gratuitous advice had been acted upon much of the harshest criticism of the work of both Eliot and Guillén in the well-known litany of words like «antiseptic», «cold», «dehumanised» and «unhistorical» might never have been written. However, not one to give up an argument, and especially not one engaging most of the intelligentsia of the day, Eliot conscientiously defined and applied the label «Classicism» for quite ten years. Unlike his detractors, Eliot did so within the context of the «European Idea» of a culture based upon leisure, in which literature played an integral part. Such a construct may be subsumed very briefly as follows:

1) That literature required a living tradition of interaction between the past and the present;

2) That it was the task of the poet as critic to discern genuineness or authenticity in art, rather than to promote novelty for novelty's sake;

3) That writers should look for this tradition both inside and outside of their national frontiers;

4) That a literary and intellectual conscience was necessary to the writer because of the fact—

5) That there was an objective and timeless standard, an ordering principle, in the literary pursuit;

6) That knowledge, recognition and practice of this standard was necessary for that enduring excellence in literature which might conveniently be termed Classicism, because of the fact—

7) That the tradition of disciplined leisure distinguished the invaluable and essential models of Ancient Greece and Rome and medieval Christianity, which taken together have molded the values of Western civilisation.

In the 1914-18 War Europe had learnt an awesome equation :
bigger and newer meant better. With the uneasy Peace of Versailles
it was soon obvious that the ideal of leisure was fast disappearing in
the modern world. The inventions of the car, the aeroplane, the
radio, the cinema and the telephone presaged a faster and more international way of life. As a direct consequence much of European
life, literature and art during the 1920s was characterized by the
cult of the dislocated and the fragmentary. Speed and democracy
became the catch words of the time and both Eliot and Guillén saw
in such a combination the threat of cultural and literary anarchy.
Western civilisation derived its standards from the classical ideal of
leisure as exemplary dedication and maximum effort, i.e. *schole* or
otium. Thus, if leisure was, in modern times, to be replaced by odd
moments of free time in an extraordinarily clockwork day, both
Eliot and Guillén feared that dedication and effort might also be
replaced by the facile and the utilitarian. By the twentieth century
literature had become a consumer product subject to the demands
of the market. Certainly more people were literate than ever before
just as more books were printed than hitherto. The outlook for
poetry, however, was bleak. The special group who had enjoyed
the leisured education which enabled them to read and / or write
difficult poetry belonged to a fast-diminishing class; most people,
if they read at all, resorted to the newpaper or, at best, to a novel in
which they found reverberations of the dizzy hedonism of the
1920s
    Writing as Félix de la Barca, Guillén deplored the effects of
such consumerism, finding his example in the popular French press
of Grasset «el editor de París que con más desparpajo convierte
hoy un libro en un mercancía, sujeto a todos los rigores de la
publicidad.» For the repugnant process in the publishing world
which makes synonymous cash sales and success, Guillén invented
a special term, «blascoibañizar.»[5] On target though his thrust
might have been, Guillén thought this a «moral» problem of wide
dimension. Describing with caustic wit a new literary prize — one
for those who hitherto had not known fame and fortune, «Le prix
des méconnus» — Félix de la Barca differentiated between authenticity in art and mere pandering to a particular vogue:

> los otros, los hartos de renombre y del estrépito de su nom-
> bre, ¿no sentirán la nostalgia del dulce apartamiento? Un
> apartamiento hechido por el fervor de unos pocos, de los en

verdad espíritus: ser elegido por votos de calidad; no dar opción a ninguno de ningún vulgo; ser siempre inexistente para
el indocto. Jerarquía en los electos; jerarquía en los electores.
Y no confundir caridad cristiana con selección de cultura.
¡Tremenda democracia la democrática popularidad!; ¡cuán-
tos necios en el coro!; sin ellos el coro no es grande; ni si-
quiera es coro. Y he aquí el necio frente al gran hombre,
afrontándole, juzgándole. Y enturbiándole.[6]

In a very real sense this denunciation of novelty for novelty's
sake formed part of the ongoing debate between Classicism and
Romanticism. Although the Romantics had brought to Europe
much needed variety, thereby authority had been vested in the individual and, finally, in the extreme caprices of his individuality. In
the absence of a common external authority there was an excess of
liberty:

Es menester, en estos nuestros menguados días de periodismo
profanador y prisa sin miedo, poner de relieve este ejemplo de
probidad. Sobre todo, en punto a la crítica de arte, a la ex-
plicación y la comprensión del arte. ¿Quién se aviene a no dic-
taminar ante un lienzo, ante una estatua, ante un poema?
Nadie se considera profano en materias que parecen dirigirse
a la atención de todos. De ahí el horrendo aforismo de nuevo
cuño: «el público no se equivoca nunca». Eso se viene repi-
tiendo durante un siglo — el siglo romántico—. ¡Sagrados
derechos del público! Y de cada uno de sus componentes.
¡Santa proclamación de la Incomptencia! El arte es para
todos—predica hoy un escritor ilustre con necia
machaconería—. Y se sobreentiende: un arte para pocos sería
decadente, morboso...(Lo más chusco: con estos argumentos
de pura cepa romántica se pretende propugnar el sentido
clasico.) Y el primero que llega juzga un drama, y cualquiera
se pone a discutir de música o arquitectura.[7]

As Félix de la Barca explained, Romanticism had allowed the individual and his appetites such license that anarchy resulted. Anec-
dote and sentimental interlude were now passed off as poetry in a
time of «drift, license, and irresponsible emotionality.»[8]

Distingamos, distingamos: de un lado, la Obra—con

mayúscula—; y fuera del Arte, extramuros de la Obra, los *documentos personales*. Precisamente, el romanticismo consiste en embrollarlo todo, y considerar como literatura lo que es aún sólo vida y considerar la literatura sobre todo en función de la vida. O dicho de otro modo: creer que un poema es una carta que se escribe al público, y una carta es un poema dirigido a la familia. Es tal la confusión traída al espíritu por un siglo de romanticismo, que ya resulta difícil y pedante querer distinguir términos tan claramente opuestos.[9]

Against the characteristic lack of self-control, extravagant poses and verbal diarrhea of much of the literature of the 1920s, Félix de la Barca outlined the objective and timeless standard, the ordering principle of classical art:

> Pensamiento disciplinado, estilo trabajado—de antiguo trabajado—, a tal extremo que disimula sus perfecciones y parece sin gala alguna. La procesión anda por dentro; los arrequises del estilo andan entre líneas también. Sólo así, tras un largo cultivo y en plena sazón puede lograrse, con tal parquedad en modo tan profesional, casi científico, tan severa elegancia.[10]

It should be emphasised immediately that for neither Eliot nor Guillén did the Classicism they extolled mean simply the sanctification of a *status quo*. Quite the reverse. Change was necessarily part of their shared conception of the the the organic quality of the literary tradition. This belief in growth led Eliot to outline a Classicism which was to be «revolutionary.» He had observed in Valéry's example the weakness of a static Classicism which was «a critique rather than a creation.»[11] Thus, instead of a nostalgic vision of the past which measured living art by the «dead laws of order,» Eliot desired a modern standard for the twentieth century:

> Art reflects the transitory as well as the permanent condition of the soul; we cannot wholly measure the present by what the past has been, or by what we think the future ought to be.[12]

Quite independently Guillén concurred on all points. His choice of pseudonym is significant, coming as it did, from the names of two Golden Age writers much admired by Guillén —

Félix Lope de Vega Carpio and Pedro Calderón *de la Barca*. Yet even more significant is the critical focus of the articles written under that pseudonym. All emphasised the continuity of the literary tradition, but never as an excuse for reactionary conservatism in art. Thus, in 1924, Félix de la Barca welcomed the French translation of Gracián's work as giving greater access to the «¡Oráculo de Europa!»[13]; celebrated the cuadricentenary of Ronsard's birth with a side swipe at twentieth century *anti-gongorinos* and a lift of his hat to Paul Valéry, critic[14]; and compared the «monstrous» curiosities of nineteenth century Spanish versifying to examples of true poetry by Valéry, Juan Ramón and Miguel de Unamuno.[15] Félix de la Barca cared passionately about «esa historia que se inicia en el cantar del Cid, y va hasta Lope, y hasta Zorilla, y hasta hoy.»[16]

This, of course, did not mean that pre-established hierarchies were inviolate; indeed Félix de la Barca asked sharp questions about eminence and order:

> Es tal vez la injusticia más frecuente: ni olvido ni ignorancia; más bien semi-olvido y casi-ignorancia. ¿Cuál es el verdadero puesto que deben ocupar en la historia de nuestra lírica moderna un Querol, una Rosalía de Castro? El lugar secundario que se les atribuye ¿está en proporcionada relación con el reservado por la Fama a un Campoamor, a un Núñez de Arce? Todas esas glorias están hoy en vías de traslado; dentro de una nueva jerarquía se repartirán los celestes sitiales.[17]

What was to be avoided, however, was any partial or complete break with the literary past caused by ignorance, whether purposeful or accidental, of the writers of the past. Fashion had undoubtedly fluctuated — and would do so again — but authenticity must be the standard. Consequently, Félix de la Barca insisted that Bécquer, a «nuevo clásico», keep company with Garcilaso, San Juan de la Cruz, Fray Luis and Góngora, in a direct lineage through to José Bergamín, Juan Chabás y Martí and Gerardo Diego.

Any revolutionary is a subversive. Possibly because Eliot and Guillén advocated with such marked success difficult and complex poetry, the means by which they achieved a rather dramatic «shift in sensibility» have been largely overlooked. In the early 1920s both were virtually anonymous young men engaged in the thankless task of book-reviewing for a public notorious for its pseudo-erudition and cultural snobbery. By capitalising on their anonymity both Eliot and Guillén took, in effect, Pound's advice «to go in at the back door and take out all the swag.»[18] In articles signed Félix de la Barca, Guillén slated the «snob»[19]; the «camaleones de la popularidad»[20]; «los dos vulgos», i.e. the University professors and the insensitive, ignorant public who together admired pomposity rather than learning;[21] and the «guerilleros-Eruditos» or Academicians whose polemics were essentially trivial in nature.[22] With bland subversiveness Félix de la Barca's mimicry of Spanish reviewing style captured exactly the tone of «officialdom» with all its asperities, pontification and ritual quotation, but used the familiar style to create a taste for the difficult poetry Jorge Guillén was then writing and would later publish in *Cántico*.

For some time «Classicism» has been a term out of favour. The elitism of «leisure class laureates» like Eliot and Guillén has been attacked by the oldest artistic and the newest political opinions. How ironic, therefore, that such partisan criticism has completely missed the point. The paradoxical «revolution» that classicists like Eliot and Guillén have preached, lies in their separate but similar declarations that poetry, having reached the limit of any one direction, might not remain static, the object of veneration by an elitist priesthood. Their method of cultural traditionalism led them in their own creative work to reject the traditional construct in Western civilisation of the work of art as an eternal object which surpasses the demands of time, place and personal creation and which, defined by intrinsic aesthetic principles, provides a substitute for immortality. Their discovery that the poet must confront reality, transitory and immediate, in poetry which reflects «the turning world» demanded a truly revolutionary involvement in literature which was a partial, passionate and political affair.

NOTES

1. Cf. Biruté Ciplijauskaité, *El poeta y la poesía* (Madrid: Insula, 1966), pp. 313, 337-8.

2. Cf. E.M. Wilson, «Cernuda's Debts,» in *Studies in Modern Spanish Literature and Art Presented to Helen F. Grant,* ed. Nigel Glendinning (London: Tamesis,

1972), pp. 239-53.

3. See, for example, Jaime Gil de Biedma, *Cántico: El mundo y la poesía de Jorge Guillén* (Barcelona: Seix Barral, 1960), pp. 14-15, 53, 150n., 142-44.

4. T.S. Eliot, «A French Romantic,» *Times Literary Supplement,* 980 (28 Oct. 1920), 703.

5. «Oráculo de Europa, «*El Norte de Castilla (Valladolid),* 9 March 1924. Hereafter the initials *NC* will be used to denote this publication. All of these articles may be readily consulted in Jorge Guillén, *Hacia Cántico Escritos de los años 20,* recopilación y prólogo de K.M. Sibbald (Barcelona: Ariel, 1980).

6. «El premio de los postergados,» *NC,* 15 March 1924.

7. «Monasterios,» *NC* 21 February 1924.

8. T.S. Eliot, «An American Critic,» *New Statesman,* Vol. 7, no. 168 (24 June 1916), 284.

9. «Cartas de Mallarmé,» *NC* 29 January 1924.

10. «Monasterios,» *NC,* 21 February 1924.

11. T.S. Eliot, «A Commentary: The Work of T.E. Hulme; Hulme and Classicism,» *The Criterion,* Vol. 2, No. 7 (April 1924), 232.

12. T.S. Eliot, «The Idea of a Literary Review,» *The Criterion,* Vol. 4, No. 1 (January 1926), 5.

13. «Oráculo de Europa,» *NC* 9 March 1924.

14. «El centenario de Ronsard,» *NC,* 23 Marche 1924.

15. «Curiosidades,» *NC,* 12 February 1924.

16. «El centenario de Ronsard,» *NC,* 23 March 1924.

17. «El premio de los postergados,» *NC,* 15 March 1924.

18. Reported by Hugh Kenner in *The Invisible Poet: T.S. Eliot* (New York: McDowell, Oblensky, 1959), p. 96.

19. «El segundo Juan Ramón Jiménez,» *NC,* 16 January 1924.

20. «Oráculo de Europa,» *NC,* 9 March 1924.

21. «Centenario de Ronsard,» *NC,* 23 March 1924.

22. «El 102,» *NC,* 23 January 1924.

LA APORTACION DE *EGLOGA, ELEGIA, ODA* A LA EVOLUCION POETICA DE LUIS CERNUDA

Jorge H. Valdés

College of the Holy Cross

Egloga, Elegía, Oda, segunda colección poética de *La Realidad y el Deseo,* ha sido considerada por la mayoría de los estudiosos de Cernuda como una de las colecciones menos innovadoras dentro de la evolución del poeta sevillano. Su contenido—por ejemplo—ha sido reducido meramente a una refundición elaborada de temas tratados en el libro anterior, *Perfil del Aire.* Igualmente, su expresión poética ha sido valorada casi exclusivamente como enriquecimiento del estilo de los primeros poemas cernudianos.[1] Tales juicios se deben en gran medida a las limitaciones de alcance de los análisis que hasta ahora ha merecido dicha colección. Por una parte, los que han estudiado su temática se han preocupado más por destacar su deuda a *Perfil* que por su contribución al desarrollo del pensamiento cernudiano. Por otra, los que han indagado su estilo se han limitado *a priori* a constatar la influencia retórica garcilasiana, sin llegar a abordar otros cambios de mayor consideración (e.g., las diferencias estéticas entre los breves poemas de *Perfil* y las composiciones de *Egloga, Elegía, Oda).* Desafortunadamente, estas investigaciones de limitado alcance han caracterizado a *Egloga, Elegía, Oda* en su totalidad tal variación clasicista de *Perfil.*

No obstante, a pesar de su apariencia tradicional y de su huella perfiliana, las composiciones de *Egloga, Elegía, Oda* significan una mayor aportación a la cambiante poética de nuestro autor. En el campo temático, éstas introducen dos temas que figurarían más tarde entre los más trascendentales de *La Realidad y el Deseo.*

Dicha aportación es a la vez acompañada por una nueva orientación estética, evidente en los cambios en la expresión poética.

A fin de revalorizar las composiciones de *Egloga, Elegía, Oda,* nuestro estudio analiza su temática y expresión a la luz de las características más salientes de *Perfil.* Tal procedimiento nos permitirá delimitar lo que en el segundo libro constituye una refundición del primero, así como lo que en aquél significa una aportación al temprano desarrollo poético de Luis Cernuda.

Los poemas en *Perfil del Aire* en que Cernuda da expresión a su disposición emocional pueden clasificarse en dos grupos según su contenido: los que exponen la incapacidad del joven de satisfacer sus anhelos amorosos; y aquéllos que manifiestan su entusiasmo por la belleza del mundo natural.[2] Entre éstos se destaca «Escondido en los muros» como uno de los que más esclarece la actitud de Cernuda ante la naturaleza.[3] Dicha actitud incluye el inicial sosiego del poeta en su apartado *locus amoenus,* su fervor ante la belleza del paraje, el embeleso provocado por la feliz contemplación y, por último, la melancolía ante el advenimiento de la noche que pone fin a la residencia paradisíaca.

Con semejante estructuración de los distintos sentimientos evocados, el tema reaparece en «Egloga,» primera composición del libro siguiente. No obstante, mientras el modelo perfiliano expone sucintamente el clímax de la contemplación tal «sueño» inafectado por el «destino,» la composición clasicista lo define claramente como trascendencia del tiempo:

Se sostiene el presente,
Olvidado en su ensueño,
Con un ágil escorzo distendido.
Delicia. Dulcemente,
Sin deseo ni empeño,
El instante indeciso está dormido.

(pág. 29, vs. 53-58)

La negación de la temporalidad vislumbrada en el temprano poema se delinea aún más en «Egloga» a través de términos de índole psicológica: inmutabilidad del presente, olvido, ensueño, e indecisión. Además, en ésta, Cernuda añade dos condiciones ausentes en el poema perfiliano—«Sin deseo ni empeño»—que sirven de preludio a la dualidad Realidad-Deseo sobre la cual estriba el pensamiento poético cernudiano. O sea, que estamos ante el temprano planteamiento de ese ideal de vida, manifestado ampliamente a través de *La Realidad y el Deseo,* en que se trasciende, por momentáneamente que sea, «el conflicto entre realidad y deseo, entre apariencia y verdad, permitiéndonos alcanzar alguna vislumbre de la imagen completa del mundo que ignoramos.»⁵ Dicha vivencia no sólo supera el deseo sino que se ofrece, como ya anuncia «Egloga,» fuera del transcurso del tiempo—«Se sostiene el presente»—tal fijación del «espectáculo transitorio que /el poeta/ percibe.»⁶

Además de preludiar algunos de los constituyentes fundamentales del pensamiento cernudiano, «Egloga,» por primera vez, descubre el papel que desempeña el contemplador a fin de lograr el culminante embeleso atemporal: la idealización de los elementos del paraje de acuerdo con su propio deseo. Así, las rosas presentadas simplemente como parte del jardín en *Perfil,* se evocan ahora como rosas que se transforman, en la imaginación del contemplador, en «cuerpos fabulosos y divinos...De ninfas verdaderas / En fuga hacia el boscaje» (pág. 29, vs. 32, 34-35). Asimismo, las aguas apenas sugeridas anteriormente figuran ahora personificadas tal proyección imaginativa del narcisismo del poeta: «El agua tan serena, / Gozando de sí misma en su hermosura» (pág. 29, vs. 41-42). Una vez más «Egloga» evidencia una importantísima aportación al pensamiento cernudiano, pues en ella se encuentran los primeros indicios de un tema de progresivo alcance en *La Realidad y el Deseo:* la idealización de la naturaleza conforme al deseo del poeta como medio de abolir la conciencia del tiempo. Este tema aducido por el propio Cernuda en «Palabras antes de una lectura» (págs. 152-55), habría de configurarse más tarde en poemas tales como «Scherzo para un elfo» y «Violetas» (en *Las Nubes*), y «Jardín» y «Río vespertino» (en *Como quien espera el Alba).* Ningún otro poema, sin embargo, ofrece tan lúcido ejemplo del proceso de idealización como «El viento de septiembre entre los chopos,» de la sexta colección, *Invocaciones.*

El poema se inicia con la declaración del poeta de sus ansias de encontrar entre los bosques algo que, al principio, él mismo desconoce y, por tanto, no puede definir. La atracción de éste por el bosque parece ser intuitiva:

> Por este clima lúcido,
> Furor estival muerto,
> Mi vano afán persigue
> Un algo entre los bosques.

Un no sé qué, una sombra,
Cuerpo de mi deseo,
Arbórea dicha acaso
Junto a un río tranquilo.

(págs. 108-109, vs. 1-8)

En su búsqueda a través del sosegado paraje, el poeta escucha la
leve llamada del eco entre los árboles:

Pero escucho; resuena
Por el aire delgado,
Estelar melodía,
Un eco entre los chopos.

(pág. 109, vs. 9-12)

El susurro del eco entre los chopos incita la imaginación del poeta,
la cual, a la vez, transforma lo percibido de acuerdo con sus
anhelos:

Oigo caricias leves,
Oigo besos más leves;
Por allá baten alas,
Por allá van secretos.

(pág. 109, vs. 13-16)

Las sensaciones que ahora se perciben con la ayuda de la imaginación son tan halagadoras como las caricias amorosas. No obstante,
aquéllas son de índole diferente a éstas, como claramente se advierte a continuación:

No, vosotros no sois,
Arroyos taciturnos,
Frágiles amoríos
Como de sombra humana.

No, clara juventud,
No juguéis mi destino
No busco vuestra gracia
Ni esa breve sonrisa.

(pág. 109, vs. 17-24)

Cernuda destaca la distinción entre las caricias y besos de los «frágiles amoríos» y las leves impresiones que en su imaginación produce el eco. Estas, a diferencia de aquéllas, trascienden lo meramente físico y sensorial, convirtiéndose, en la psiquis del autor, en un canto armonioso e idealizado conforme a su deseo:

Corre allí, entre las cañas,
Susurrante armonía;
Canta una voz, cantando
Como yo mismo, lejos.

(pág. 109. vs. 25-28)

La susurrante armonía imaginada por el poeta entre las cañas, a la vez, intensifica su deseo en busca de su propia satisfacción:

Hundo mi cabellera,
Busco labios, miradas,
Tras las inquietas hojas
De estos cuerpos esbeltos.

(pág. 109, vs. 29-32)

Como último paso en la escala de idealización, el poeta transforma lo que comenzó siendo un eco entre los chopos, convirtiéndolo en eco de su incesante deseo:

Avido aspiro sombra;
Oigo un afán tan mío.
Canta, deseo, canta
La canción de mi dicha.

(pág. 110, vs. 33-36)

Lo percibido ahora equivale al propio deseo del poeta, lo cual significa su plena satisfacción. Según Cernuda, este estado constituye la integración psíquica del ser anhelante del poeta con su contorno natural; condición representada aquí, a semejanza del «olvido» en «Egloga» (vs. 53-58), como sumersión espiritual en que se aniquila toda conciencia de sí mismo y del mundo exterior:

Altas sombras mortales:
Vida, afán, canto, os dejo.
Quiero anegar mi espíritu

Hecho gloria amarilla.

(pág. 110, vs. 37-40)

Así como «Egloga» desarrolla un tema originado en *Perfil*, «Elegía» expone con mayor amplitud varios sentimientos patentes en la primera obra cernudiana. Pero, a diferencia de «Egloga,» «Elegía» no se modela en un poema singular sino que integra, por primera vez, varios sentimientos expuestos en distintos poemas anteriores. «Elegía» puede ser considerada tal yuxtaposición de cuatro actitudes distintas ante el amor—indolencia, ensueño, angustiada desilusión, y esperanza alentadora—expresadas en los poemas «Ingrávido presente,» «La noche a la ventana,» «Los muros, nada más,» y «El divorcio indolente» respectivamente.

Conforme a varios poemas en *Perfil*, «Elegía» comienza evocando la sosegada atmósfera nocturna de la habitación en que se encuentra el joven indolente:

Este lugar, hostil a los oscuros
Avances de la noche vencedora,
Ignorado respira ante la aurora,
Sordamente feliz entre sus muros.

Pereza, noche, amor, la estancia quieta
Bajo una débil claridad ofrece.
El esplendor sus llamas adormece
En la lánguida atmósfera secreta.

(pág. 32, vs. 1-8)

Seguidamente se expone el desplazamiento del estado de indolencia por el ensueño erótico en que el joven vislumbra «un contorno desnudo, prisionero / Tenuemente abolido en la penumbra» (pág. 32, vs. 11-12). Mas apenas ejerce su poder la fantasía cuando el joven advierte su carácter quimérico. Tal desilusión le provoca entonces «Sólo un hastío, / El amargor profundo» (pág. 33, vs. 37-38). Así, la sosegada estancia deja de ser lugar favorable al deleitoso ensueño y se convierte en nodriza de frustración: «Llorando vanamente ven los ojos / Ese entreabierto lecho torpe y frío» (pág. 33, vs. 39-40). No obstante, la amarga desilusión no llega a aniquilar del todo el anhelo amoroso del joven—«De aquel sueño orgulloso en su fecundo, / Espléndido poder, una lejana / Forma dormida queda...» (pág. 33, vs. 45-47)—como tampoco deshace la esperanza de su satisfacción. La renovada confianza ante el porvenir, simbolizada por el amanecer, por último deshace totalmente la tristeza:

> Ya con rumor suave la belleza
> Esperada del mundo otra vez nace,
> Y su onda monótona deshace
> Este remoto dejo de tristeza.

(págs. 33-34, vs. 57-60)

Si «Egloga» y «Elegía,» las composiciones cronológicamente más próximas a *Perfil*,[7] demuestran el interés de Cernuda por desarrollar el contenido de sus primeros poemas, «Homenaje» y «Oda» descubren su interés por abarcar temas totalmente nuevos. En «Homenaje»—originalmente titulado «Homenaje a Fray Luis de León»[8]—Cernuda dirige su mirada, tal autorreflexión, hacia el poeta y su obra.

Estructurado según la oposición entre el silencio sepulcral en que yace el poeta renacentista y el armonioso son de su poesía, «Homenaje» afirma la perdurabilidad del autor a través de su obra:

> El tiempo, duramente acumulando
> Olvido hacia el cantor, no lo aniquila;
> Siempre joven su voz, late y oscila,
> Al mundo de los hombres va cantando.

(pág. 27, vs. 13-16)

Pero este optimismo de nuestro poeta ante la eternidad conferida por la poesía se limita a la relación entre la «voz» y el «cantor,» o sea, entre la obra y su autor. En contraste, cuando Cernuda vuelve su mirada hacia el hombre, hacia su «vuelo mortal tan dulce,» encuentra sólo entonces la esterilidad y soledad de la muerte. Ante este ineludible hecho, la trascendencia temporal concedida por el arte es incapaz de consolar a Cernuda plenamente. Así, lo que comienza siendo alabanza no sólo de la obra de Fray Luis sino también de la poesía en general cede paso, últimamente, a la queja personal de nuestro poeta:

> Toda nítida aquí, vivaz perdura
> En un son que es ahora transparente.

Pero un eco, tan solo; ya no siente
Quien le infundío tan lúcida hermosura.

                                        (págs. 27-28, vs. 25-28)

Es preciso señalar que el pesimismo prevaleciente en esta primera
exposición del tema difiere en gran medida de la actitud cernudiana
en libros posteriores—tales como *Invocaciones* y *Vivir sin estar viviendo*—, en los cuales el quehacer poético se afirma como medio
de saciar el deseo de eternidad, como vía de autoconocimiento, y
como suma razón de ser del poeta. Esta diferencia no implica con-
tradicción alguna por parte de Cernuda sino tan sólo un cambio de
su punto de vista al valorar la creación literaria, o sea, de la obra
considerada en relación con la muerte del creador (tal en «Homenaje») a la obra juzgada en relación con la vida del poeta.
    Lo mismo que «Homenaje,» «Oda» introduce un tema de
suma importancia en la obra cernudiana posterior a *Egloga, Elegía,
Oda:* la exaltación de la belleza física como reflejo de eternidad. La
composición comienza evocando una bella escena de dimensiones
paisajísticas ante la cual se sitúa el poeta. La inicial tristeza del contemplador, pronto cede paso a la intensa alegría y vitalidad que le
infunde la hermosura del mundo natural:

>   La tristeza sucumbe, nube impura,
>   Alejando su vuelo con sombrío
>   Resplandor indolente, languidece,
>   Perdiéndose a lo lejos, leve oscura.
>   El furor implacable del estío
>   Toda la vida espléndida estremece
>   Y profunda la ofrece
>   Con sus felices horas,
>   Sus soles, sus auroras,
>   Delirante, azulado torbellino.

                                        (pág. 34, vs. 1-10)

Seguidamente, se introduce en el paraje la figura de un joven
semidiós que desciende del cielo tal emanación del sol:

>   Desde la luz, el más puro camino,
>   Con el fulgor que pisa compitiendo,
>   Vivo, bello y divino,
>   Un joven dios avanza sonriendo.

                                        (pág. 34, vs. 11-14)

Tras algunas reflexiones que recalcan la naturaleza sobrehumana del personaje, se manifiesta, primeramente, la transformación de éste en ser humano de incomparable atractivo físico:

> El dios que traslucía
> Ahora olvidado yace;
> Eco suyo, renace
> El hombre que ninguna nube cela.
> La hermosura diáfana no vela
> Ya la atracción humana ante el sentido.
>
> (pág. 35, vs. 35-40)

E inmediatamente después, la trascendencia de la experiencia sensorial por parte del contemplador: «Y su forma revela / Un mundo eternamente presentido» (pág. 35, vs. 41-42). Conforme al platonismo, Cernuda concibe la belleza física tal reflejo de eternidad. Como objeto de la experiencia contemplativa, la hermosura es capaz de revelar su propio origen divino: el mundo eterno «que yace al fondo de la apariencia.»[9] De aquí que Cernuda considere dicha experiencia una manera más de fijar, por momentáneamente que sea, el transcurso del tiempo.

Como constatación de la importancia que este tema alcanzaría en obras posteriores a *Egloga, Elegía, Oda,* bastaría referirnos a poemas tales como «A un muchacho andaluz,» «El joven marino,» y «Cuatro poemas a una sombra»; poemas en los cuales la contemplación de la hermosura física juvenil, ya sea directamente o a través del recuerdo, continúa siendo intento del poeta de fijar la belleza efímera, de experimentarla tal eterno presente:

«A un muchacho andaluz»

> Expresión armoniosa de aquel mismo paraje,
> Entre los ateridos fantasmas que habitan nuestro mundo,
> Eras tú una verdad,
> Sola verdad que busco,
> Más que verdad de amor, verdad de vida;
> Y olvidando que sombra y pena acechan de continuo
> Esa cúspide virgen de la luz y la dicha,
> Quise por un momento fijar tu curso ineluctable.
>
> (pág. 106, vs. 27-34)

En ningún otro instante, sin embargo, se advierte tan explícitamente el alcance de dicho tema dentro de la evolución de *La Realidad y el Deseo* como en la declaración del propio Cernuda en «Historial de un libro» de que «la hermosura física juvenil ha sido siempre para mí cualidad decisiva, capital en mi estimación como resorte primero del mundo, cuyo poder y encanto a todo lo antepongo.»[10] Junto con el ostensible desarrollo del pensamiento de Cernuda, las composiciones del segundo libro evidencian una marcada evolución en su expresión poética. De las diferencias estilísticas entre los poemas de *Perfil* y las composiciones del segundo libro ninguna es tan patente como la mayor elaboración métrica de éstas. Mientras que los poemas más extensos del primer libro constan de viente versos heptasílabos, las amplias composiciones siguientes se componen de ciento treinta («Egloga»), sesenta («Elegía»), veintiocho («Homenaje»), y ciento cuarenta («Oda») versos heptasílabos y endecasílabos.[11] Este aumento en la extensión de los poemas inmediatamente posteriores a *Perfil* obedece al esfuerzo de Cernuda, advertido anteriormente en el presente estudio, para dar mayor amplitud a la expresión de un contenido emocional-reflexivo; nueva orientación destacada por nuestro poeta años más tarde al volver su mirada hacia su temprana tentativa clasicista: «me halagaba en ellas [las composiciones de *Egloga, Elegía, Oda*] ver que comenzaba yo a concebir, y a realizar, que la materia poética era susceptible de amplitud mayor que la acostumbrada entonces entre nosotros.»[12] Esta nueva orientación patentizada en el desarrollo métrico de la segunda colección se evidencia además en el nuevo empleo de la imagen poética; cambio estilístico manifiesto especialmente en las composiciones que dan nueva expresión a temas de origen perfiliano.

Al discutir las semejanzas temáticas entre el primero y segundo libros, señalamos cómo ambos «Egloga» y su modelo perfiliano comienzan delineando el *locus* de la experiencia contemplativa. También, en ambos, los elementos del paraje figuran como correlativos objetivos del sentimiento evocado. No obstante, en el temprano poema tales elementos se presentan con poca especificación:

> Escondido en los muros
> este jardín me brinda
> sus ramas y sus aguas
> de secreta delicia.

¡Qué silencio! ¿Es así
el mundo?...Cruza el cielo
desfilando paisajes,
risueño, hacia lo lejos.

¡Tierra indolente! En vano
resplandece el destino.
Junto a las aguas quietas,
sueño y pienso que vivo.

Mas el tiempo ya tasa
el poder de esta hora:
madura su medida
escapa con sus rosas.

Y el aire fresco vuelve
con la noche cercana,
su tersura olvidando
las ramas y las aguas.

(págs. 143-144)

Los muros meramente esconden el jardín; las ramas y las aguas quedan levemente adjetivadas tal «de secreta delicia.» Es decir, la imagen en *Perfil* (y por lo general se trata de la imagen simple y no de la figurativa) se ofrece comúnmente tal simple sustantivo sin modificación; cuando no, se presenta cualificada por adjetivos o frases adjetivales que corresponden más a la disposición emocional del poeta que a los atributos sensoriales de aquello representado (e.g., «cielo risueño,» «tierra indolente,» «aire vacío,» «aguas sedientas»). Por consiguiente, la imagen en *Perfil,* en su función representativa del sentimiento, apela más a nuestra comprensión intelectual que a nuestra percepción sensorio-emocional. Esto explica el carácter impresionista de dichos poemas, así como la distancia que ante ellos siente el lector.

En la égloga, sin embargo, donde reaparecen varias de las imágenes perfilianas, Cernuda se empeña en precisar éstas a través de una más extensa adjetivación para dotarles de mayor acuidad sensorial. Así, las ramas evocadas genéricamente en *Perfil* se tornan ahora en concreta imagen de gran relieve:

Tan alta, sí tan alta

En revuelo sin brío,
La rama el cielo prometido anhela.
Que ni la luz asalta
Este espacio sombrío
Ni su divina soledad desvela.

(pág. 28, vs. 1-6)

Igualmente, las aguas apenas aludidas en el modelo perfiliano se
precisan tal el agua inmóvil, hermosa, y fría de un estanque cercado
de rosales:

Entre las rosas yace
El agua tan serena,
Gozando de sí misma en su hermosura;
Ningún reflejo nace
Tras de la onda plena,
Fría, cruel, inmóvil de tersura.
Jamás esta clausura
Su elemento desata;
Sólo copia del cielo
Algún rumbo, algún vuelo
Que vibrando no burla tan ingrata
Plenitud sin porfía.
Nula felicidad; monotonía.

(pág. 29, vs. 40-52)

Mas no sólo las cualidades sensoriales de la imagen adquieren
mayor delineación sino también sus respectivos significados o correlativos sentimentales. La «secreta delicia» de las aguas perfilianas se descubre como feliz sentimiento de plenitud del poeta
ante la hermosura y serenidad de la escena; el jardín no esconde
meramente al contemplador sino que se le ofrece al lector tal lugar
apartado en que aquél experimenta su «divina soledad» en comu-
nión con el mundo natural; y la rosa deja de ser mero término
genérico para figurar personificada y desarrollada como símbolo
de la belleza adolescente:

Sólo la rosa asume
Una presencia pura
Irguiéndose en la rama tan altiva,
O equívoca se sume

Entre la fronda oscura,
Adolescente, esbelta, fugitiva.

(pág. 28, vs. 14-19)

Resultado del mismo intento de amplificación poética, la
manera detallada en que se presentan en «Egloga» algunos
atributos del idílico paraje contrasta con su leve exposición en *Perfil*. Comparemos, por ejemplo, la evocación del silencio absoluto
del jardín perfiliano con su paralela formulación en la composición
clasicista:

«Escondido en los muros»	«Egloga»
¡Qué silencio! ¿Es así	Hasta el pájaro cela
el mundo?...	Al absorto reposo
(pág. 143, vs. 5-6)	Su delgada armonía.

¿Qué trino colmaría,
En irisado rizo prodigioso
Aguzándose lento,
Como el silencio solo y sin acento?

(pág. 28, vs. 7-13)

Mientras que el temprano poema sólo nombra el silencio, la composición posterior, a través del contraste, es capaz de evocarlo con
sorprendente sensorialidad difícil de lograr por otros medios
poéticos. Además, dicho contraste, le permite a Cernuda exaltar la
hermosura del silencio sobre el bello trino del pájaro y manifestar
con mayor explicitud que antes su feliz disposición.

Semejante desarrollo de los atributos de la escena evidencia el
empleo de la fórmula garcilasiana adoptada por nuestro poeta para
dar fin a la «Egloga.» Así, la «noche cercana» que en *Perfil*
simplemente esfuma los visibles componentes del jardín (concluyendo así la contemplación) se formula en la égloga tal importuna interrupción de evidente desarrollo paisajístico:

Sobre el agua benigna,
Melancólico espejo
De congeladas, pálidas espumas,
El crepúsculo asigna
Un sombrío reflejo
En donde anega sus inertes plumas.
Cuanto acercan las brumas

El infecundo hastío;
Tanta dulce presencia
Aún próxima, es ausencia
En este instante plácido y vacío,
Cuando, elevado monte,
La sombra va negando el horizonte.

                                                    (pág. 31, vs. 105-117)

Aparte del obvio interés de Cernuda por la metáfora ingeniosa
(e.g., agua = espejo, nubes = espumas, crepúsculo = ave), esta
nueva exposición del fin de la experiencia contemplativa demuestra
una vez más las diferencias del procedimiento cernudiano en la
primera y segunda colecciones poéticas. A diferencia de lo que
observamos en *Perfil,* los elementos visuales en «Egloga,» como el
advenimiento de la noche, quedan pormenorizados con una amplia
adjetivación y vinculados a una explícita manifestación del sentimiento. La atenuada emoción en el temprano poema—«su tersura
olvidando / las ramas y las aguas»—cede paso ahora en la égloga al
sentimiento expuesto con precisión: «El infecundo hastío» incitado
por la transitoriedad de la feliz experiencia contemplativa.

   En virtud de su mayor especificación sensorial, *Egloga, Elegía,
Oda* es capaz de evocar el sentimiento de manera más patente y
precisa que *Perfil.* Debido a estas diferencias de efecto, los cambios
en el manejo de la imagen y otros recursos poéticos en las composiciones clasicistas denotan, en último caso, una nueva orientación
estética de nuestro autor—y no un mero intento de elaboración
decorativa—; orientación estética hacia la amplificada forma
poemática de la sexta colección, *Invocaciones.* Por tanto, en ambas
su temática y expresión, *Egloga, Elegía, Oda* significa una importantísima aportación al desarrollo del pensamiento y arte cernudianos, ya que nos conduce hacia la madurez de la poesía com-
templativa de *La Realidad y el Deseo.*

                               NOTAS

   1. Según Philip Silver, en *Egloga, Elegía, Oda,* Cernuda «se limita a refundir y
elaborar, con gran maestría técnica, temas ya tratados en 'Primeras poesías'» *(Luis
Cernuda: el poeta en su leyenda,* trad. Salustiano Masó *[*Madrid: Ediciones

Alfaguara, S. A., 1972*J*, pág. 126). Al igual que Silver, Derek Harris, en su comprensivo estudio *Luis Cernuda: A Study of the Poetry* (London: Tamesis Books Limited, 1973), pág. 6, destaca la mera continuidad temática en esta segunda colección en la cual Cernuda «attempted to give a more expansive treatment to the adolescent thematic material of his first book.» Reiterando las observaciones anteriores, Agustín Delgado afirma que en *Egloga, Elegía, Oda* lo que encontramos son «estructuras, temas y técnicas garcilasistas asumidas como amplificaciones de las tímidas configuraciones subjetivas de los breves poemas de *Perfil del aire*» (*La poética de Luis Cernuda* [Madrid: Editora Nacional, 1975] pág. 117). Las declaraciones de Jenaro Talens al respecto, en *El espacio y las máscaras: Introducción a la lectura de Cernuda* (Barcelona: Editorial Anagrama, 1975), págs. 66 y 70, interesan por ser unas de las que más se aproximan a valorar plenamente la aportación de la segunda colección a la poética cernudiana: «En efecto, si este libro [*Egloga, Elegía, Oda]* es capital en la evolución poética cernudiana, no lo es sólo, como en seguida veremos, por el enriquecimiento estilístico que su redacción le supone sino porque, además, con él entra en su campo poético la sensualidad como algo desde lo que puede el hombre luchar frente a la realidad engañosa, la sensualidad como arma con que defenderse frente a la tristeza... El avance estilístico de este libro respecto al anterior es enorme y basta con ello para que pueda considerársele como pieza clave en la trayectoria de *La Realidad y el Deseo*.» Desafortunadamente, Talens no precisa en qué consiste el 'avance' estilístico de *Egloga, Elegía, Oda,* como tampoco estudia a fondo su aportación al pensamiento cernudiano. De aún mayor interés son las observaciones de Salvador Jiménez-Fajardo en *Luis Cernuda* (Boston: Twayne Publishers, 1978), págs. 29-32. Estas, desde un enfoque más sincrónico que evolutivo de *Egloga, Elegía, Oda,* demuestran el temprano planteamiento y configuración de la conflictiva dualidad «realidad-deseo,» y por ende, dejan asentada la significancia de los poemas clasicistas dentro de la evolución conceptual de nuestro poeta.

2.   En varios poemas en *Perfil*, Cernuda se interesa principalmente en dar libre expresión a la imaginación —a través del cultivo de los aspectos formales de la expresión— en lugar de procurar la objetivación de una fácilmente discernible emoción o idea. Para un análisis del contenido y estilo poemáticos del primer libro cernudiano, consúltese nuestro estudio «*Perfil del aire:* dos etapas de la evolución poética de Luis Cernuda,» *The American Hispanist*, 4, No. 32-33 (1979), 8-13.

3.   En el presente estudio de «Escondido en los muros» y otros poemas en *Perfil*, empleamos la edición de Derek Harris, *Luis Cernuda: «Perfil del Aire»: con otras obras olvidadas e inéditas, documentos y epistolario* (London: Tamesis Books Limited, 1971).

4.   Para los poemas en *Egloga, Elegía, Oda* e *Invocaciones,* nos servimos de *La Realidad y el Deseo,* 4a ed. (México: Fondo de Cultura Económica, 1964).

5.   Luis Cernuda, «Palabras antes de una lectura,» en *Poesía y literatura I & II*

(Barcelona: Editorial Seix Barral, S.A., 1971), pág. 152.

6. Cernuda, «Palabras antes de una lectura,» pág. 154.

7. Según la cronología, el orden de las composiciones es: «Egloga» (27 de julio, 1927, «Elegía» (15 de diciembre, 1927), «Homenaje» (1º de enero, 1928), y «Oda» (23 de julio, 1928). Las fechas de composición provienen del apéndice del estudio de Harris anteriormente citado, *Luis Cernuda: A Study of the Poetry*, pág. 181.

8. Publicado por primera vez en *Carmen*, III-IV (marzo de 1928), 24-25.

9. Cernuda, «Palabras antes de una lectura,» pág. 152.

10. En *Poesía y literatura I & II*, págs. 184-185.

11. Citamos estas composiciones de acuerdo con la cronología, y no conforme al orden en que fueron publicadas en la primera edición de *La Realidad y el Deseo* de 1936.

12. «Historial de un libro,» pág. 184.

LORCA, ALBERTI, AND «LOS TONTOS DEL CINE MUDO»

Marcia L. Welles
Barnard College

The exciting possibilities of the new medium of film were quickly understood by the French surrealists, [1] who recognized the power of the darkness of the cinema, coupled with the silence of these pre-sound films, to induce the spectator into a dream-like state. During World War I, while on military service in Nantes, André Breton and Jacques Vaché would attend a succession of different movies for short periods. [2] They deliberately eschewed the possibility of a content *(signifié)* in the films preferring to concentrate exclusively on the expression *(signifiant)*, specifically on the randomly juxtaposed images that approximated the irrational, oneiric realm. [3] The surrealist revolt against temporal, spatial and psychological realism, their contempt for superficial bourgeois sentimentality, resulted in the production of such experimental films as Artaud's *La Coquille et le clergyman* (1928) and Buñuel's and Dalí's *Un Chien andalou* (1929), which defiantly explored, in brilliantly executed visual metaphors, Freud's latent level of erotic desire, thus celebrating Breton's concept of love as total, «L'amour fou.» Of the antagonism between the reality principle and the pleasure principle, Dalí proclaimed that «El placer es la aspiración más legítima del hombre. Los surrealistas pretendemos la liberación del mundo subconsciente contra el principio de la realidad, la emancipación de la imaginación, la libertad de la imaginación. [4]

Another form of pleasureable liberation was to be obtained from the early American comic films, which transposed many of the slapstick vaudeville routines to the screen. Robert Desnos describes their humor as a revelation of a new world, a refreshing antidote to the sterile French academism.[5] The reaction in Spain is similar. Due to Buñuel's efforts at organizing film sessions at the «Residencia de estudiantes,» the subsequent founding of *La gaceta literaria* (1927) with a section dedicated to film criticism, and the establishment of the first «Cine Club» in Madrid in 1928, the writers of this generation of 1927 were exposed to new developments and reacted with enthusiasm.[6] Alberti recalls that «El cine era lo que me apasionaba. Nuestra escena, invadida aún en aquel tiempo por Benavente, los Quintero, Arniches, Muñoz Seca ..., nada podía darme»;[7] Cernuda explains that he was attracted to the United States because of the «ideal juvenil, sonriente y atlético» that these movies exuded;[8] Buñuel considers these comedies to be more truly «surrealistic» than the intentionally surrealistic experiments of Man Ray, presumably an allusion to the well-known *L'Etoile de mer* of 1928, based on a Desnos poem.[9]

The amount of enjoyment derived from these films is in itself a revelation of their essentially tendentious purpose, which allows for the expression of otherwise repressed impulses.[10] Desnos praises Mack Sennett as the «libérateur du cinéma» whose burlesque is the highest form of lyricism.[11] Sennett's Keystone Comedies, the training ground for most of the comic personalities of this era, are famous for their absurd, sometimes violent antics that defy all laws of gravity, and wild chases conducted at a breathtaking speed. This defiance of phsycial laws is accompanied by a defiance of societal institutions. Starting with *The Bangville Police* of 1913, Sennett's improvised skits of cops and firemen reveal a ludicrous contempt for the forces of law and order. As Sennett states in his autobiography: «I especially enjoyed the reduction of Authority to absurdity, the notion that sex could be funny, and the bold insults that we hurled at Pretension.»[12] If the oneiric films defy societal convention by exposing the hypocrisy of institutional love, by exalting passion as the only authentic form of adult love, so the slapstick comedies defy the societal conventions of the expected norms of adult behavior, rejecting them as mechanized and meaningless, exalting instead the spontaneity and imagination of childhood.

In keeping with this regressive purpose, the screen *personae* of the early comedies are adolescents, even children. Keaton, with his «Great Stone Face,» passive in the face of the most outrageous adversity, is a «dandified and childish hero»;[13] Harold Lloyd, as the «glasses» character without exaggerated constuming, can say, as does his alter ego Harold Lamb in *The Freshman,* «I'm just a regular fellow,» and is known as «The Boy»; Chaplin, who developed the tramp *persona* as early as 1914, is «the little fellow,» as he is called in *The Gold Rush*; Langdon is «The Baby»; Laurel is childlike, meek, always on the verge of tears. They are sexually amorphous (Langdon), passive (Keaton), or simply uncomfortable with women (Lloyd).[14] In fact, it has been noted that «Slapstick comedy is a decidedly misogynous genre: women are peripheral to its vision (a side-issue to Keaton's pursuit of his locomotive in *The General*; a romantic subplot in the later Marx Brothers films) and are either sentimentalized or victimized or both.»[15] Indeed, the basic appeal of these comedies is that they recreate childhood, and it is childhood that Breton considers the privileged, edenic state preceding the corruption by morality and reason;[16] it is childhood, to which Freud points in the search for the essence of the comic, tentatively suggesting the phrase «Those things are comic which are not proper for an adult» as the nucleus of the perception of comic difference.[17]

Within the context of their literary production during the twenties, Lorca's *El paseo de Buster Keaton* (written in 1925, published in 1928)[18] and Alberti's collection *Yo era un tonto* (begun in 1928, published in 1929) are concordant with their predominant concerns at the time and reflect a nostalgia both for the lost innocence as well as the lost nonsense of childhood.[19] At a time of intense crisis in his adult life, which will find expression in the anguish of *Sobre los ángeles,* Alberti's memory of his childhood becomes exaggeratedly positive: «Yo había perdido un paraíso, tal vez el de mis años recientes, mi clara y primerísima juventud, alegre y sin problemas.»[20] The poems in *Yo era un tonto* recreate the magic world of these comic child heroes. Even the literary allusions are to the world of children, to their folk songs and their books, such as *Alice in Wonderland,*[21] also attractive because, as Alberti explains, their nonsense approximates them to surrealistic techniques: «El surrealismo español se encontraba precisamente en lo popular, en una serie de maravillosas retahílas, coplas, rimas extrañas en las que, sobre todo yo, ensayé apoyarme para correr la aventura de lo para mí hasta entonces desconocido.»[22] Lorca's profound involvement with the concept of the child is continuous throughout his work. Although frequently acquiring tragic overtones, childhood is, as it is for Breton, the focus of the imagination, and in the «Balada de la placeta» *(Libro de poemas,* 1921) the poet must recover his «alma antigua de niño, / madura de leyendas» (p. 252). Like Breton he considers the irrational and spontaneous child the only antidote to the stultified rigidity of the adult. In the farcicial project for puppet theatre, *Los títeres de Cachiporra,* Mosquito's symbolization of the «alegría del vivir libre,» the colorful, fresh, local language, the telling of titillating «cosillas» (reminiscent of the «pícaro» Lazarillo's notorious insinuation about the Mercedarian friar), are all obviously hostile to the public of adult bourgeoisie (pp. 723-24). [23]

The difficulty experienced upon reading *El paseo de Buster Keaton* and *Yo era un tonto* is due in great part to the loss of direct referential meaning. The only reality represented is an intertextual one, for the references are to another text—that of the film. Although this intertextuality is made explicit by the naming of the comedians, the passage of time and the commercial unavailability of these films have eroded the level of the average reader's comprehension. [24] The identification of the poetic text (or a portion thereof) is necessarily helpful, as the following examples demonstrate. [25] In the «stage» directions (or poetic digressions) to *El paseo de Buster Keaton,* [26] Lorca explains that «La bicicleta de Buster Keaton no tiene el sillín de caramelo y los pedales de azúcar, como quisieran los hombres malos. Es una bicicleta como todas, pero la única empapada de inocencia» (p. 894). This can be related to the opening scene of *Our Hospitality* (1923), in which the hero, Willie McKay, appears on a bicycle without peddles, described as «a slim, elegant machine, as is the dandified young man riding it. It is also comic in its fragility and inefficiency, a child's toy rather than a man's means of getting around, and Willie's motions as he propels it emphasize these qualities.» [27] Mention is also made of stock incidents, especially common in the shorts; the indication «Un negro come su sombrero de paja» (p. 893) recalls the typical blackface routines (such as in *Neighbours,* 1920) [28]; the police vans at the end recall the typical chase (such as in *Cops,* 1922). Alberti's «Cita triste de Charlot» has been correctly identified with *The Gold Rush* (1925). [29] The verses «Es que nieva, que nieva, / y mi cuerpo se vuelve choza de madera» (p. 415) recreate the Alaskan landscape of the film; the statements «Lo más triste, caballero, un reloj: / las 11, las 12, la 1, las 2» (p. 415) and «El hueso que más duele, amor mío, es el reloj / las 11, las 12, la 1, las 2» (p. 416) refer to Chaplin's pathetic waiting for Georgina and the other dance hall girls whom he has invited to dinner on New Year's Eve. The camera focuses on the clock as Chaplin falls asleep, and of course, the dinner burns. «Buster Keaton busca por el bosque a su novia, que es una verdadera vaca» is based on *Go West* (1925), and the beginning verses — «1, 2, 3 y 4./En estas cuatro huellas no caben mis zapatos» (p. 418) refer to the hoof marks of Keaton's («Friendless») bovine love, Brown Eyes. The erotic attachment between Friendless and Brown Eyes culminates in a comic confusion of referent in the film. In response to the grateful ranch owner's question concerning recompense for his services, Keaton shyly replies that «I want *her*.» Both the audience and the owner believe the object of his desire to be the daughter, but no, Keaton had meant Brown Eyes! At the end father and daughter ride in the front seat of the car, while Brown Eyes and Keaton cozily share the back seat. This sexual confusion is played with in the poem in the final verses: «Una dulce niña./Una verdadera vaca./Una niña./Una vaca./¿Una niña o una vaca?/O¿ una niña y una vaca?» (p. 420). The absurd title «Stan Laurel y Oliver Hardy rompen sin ganas 75 o 76 automóviles y luego afirman que de todo tuvo la culpa una cáscara de plátano» (p. 427) is a condensation of several disparate sequences into one—*Two Tars* (1928) with its hyperbolic traffic jam, and both *Battle of the Century* (1927) and *From Soup to Nuts* (1928) which include splendid slips on the inevitable banana peel.

Such specific images or sequences provide the nucleus for the genesis of the poems. Other expressive features of these films, more general in nature, are also incorporated in the poetic texts as they develop. The silence of these films establishes the visual image as the fundamental signifying element, in spite of the inference of speech through the use of «sub-titles» and the routine musical accompanimente in the theatres. Because of this, the films of necessity exploit the connotative dimensions of costume, gesture and expression, a characteristic that is reflected in these writings. In Lorca's *El paseo de Buster Keaton* the dialogue is minimal, and at the significant moment when Keaton must respond to the sexual overtures of the «Americana,» he indicates assent by the gestural movement of raising his leg. As in the close-up shot, Lorca's isolation of one detail of Keaton's face, his eyes as «infinitos y tristes» (p. 894), functions as a powerfully suggestive metonymic device.[30] Alberti's recreation of Chaplin is also metonymic, for the details of his famous costume are sufficient to suggest the personality: «Mi corbata, mis guantes./Mis guantes, mi corbata» (p. 415); «Mi sombrero, mis puños,/mis guantes, mis zapatos» (p. 416). The relative poverty of phonetic writing to reproduce tonal inflection explains the preponderence of purely expressive marks, principally exlamatory, in *Yo era un tonto*, as well as the use of orthographic distortion to reproduce tonal modulation, such as in Langdon's «¡Se me ha roto el pantalóóóóóóón!» (p. 423) or Keaton's «¡Georginaaaaaaaaa!» (p. 419). The power of the camera to infuse an object with meaning by means of the modality of the shot may account for the concentration on specific details,[31] such as in the verses «Me parece que estoy pensando que no existe en el mundo/nada tan melancólico/como el serio atractivo que ofrece un par de botas/para el monstruo que tiene que tragarse de un golpe el/timbre del teléfono» (p. 428-29) from «Wallace Beery, Bombero,...»

The space of the films is flat, the time is the present (past or future, recollections and dreams, must be indicated by «dissolves»). These restrictions are adopted in the poems, written for the most part in the present tense of the indicative mood and adhering strictly to the linearity of parataxis, thus avoiding any suggestion of depth and also recreating a child's nascent language development. The rapidity of line and simplicity of phrase create a staccato rhythm that reproduces the rapidity of the filmic metabolism, especially noteworthy in the case of the kinetic heroes, Lloyd and Keaton. This tendency to compression finds its logical culmination in the form of the telegram included in *Yo era un tonto*, an experiment already tried by Alberti in *Cal y canto* («Telegrama,» p. 292). Its use, however, is basically parodic. While in true telegraphic writing the purpose of the lack of syntactic ligatures or punctuation is to emphasize the message, here there is a total semantic vacuum. Other examples of linguistic playfulness include the use of trivial French phrases as grammatical exercises in «Harold Lloyd, estudiante,» as well as the parodic noun declension in «Noticiario de un colegial melancólico,» where the more poetic «nieve» replaces the usual dull example of the Latin grammar books—*ménsa, ae, f.*, a table.

A dramatic transformation occurs in the translation from the visual to the written code—a loss of comicality. One reason is that the comic element of these films has as its basis grossly exaggerated and useless physical exertions (in *Long Pants* Langdon's frenzied and acrobatic bicycle courting of the moll in her chauffeured limousine; in *Go West* Keaton's foiled attempts to mount a horse), or the visual shock of unexpected, incongruous juxtapositions or transformations.[32] In *The Gold Rush* Chaplin becomes a monstrous chicken in the hunger-deluded eyes of his cabin mate; in *Long Pants* Bebe Blair escapes from jail in a wooden crate. As her crate and another one containing an alligator become confused, so do their contents—Bebe and the alligator become one through analogy; dummies and people are so frequently confused that the mechanical cannot de distinguished from the real, and, as occurs in *Langdon's Long Pants* or Keaton's *Seven Chances,* the confusion provides a certain source of comic pleasure in these sequences. As the effectiveness of verbal wit depends upon the surprise of unexpected associations and transformations of words, so the effectiveness of visual humor requires the element of tension resolved in surprise. The poetic texts are unable to duplicate the instantaneity of visual juxtapositions or the sequence of comic movements that is resolved in laughter. For example, both Lorca's and Alberti's Keaton is a mechanized being, a plaything who in *El paseo de Buster Keaton* blithefully kills his four children, and who in Alberti's poem terminates his search with a suicide, rendered, as in a child's game of make-believe, with a final hilarious «(¡Pum!)» (p. 420). As in nonsense verse and nursery rhymes,[33] the pleasure experienced is one of release from conventional strictures—the weight of feeling is banished. However, because the reader does not participate in the tension-building process of confusing person and thing, seeing only the synthetic product of person as thing, the effect is not laughter-producing.

Another reason for the loss of comicality lies in the process of the translation itself. The final significance of the films results from the intimate conjuction of the elements of expression *(signifiant)* with the elements of content *(signifié).* The jarring dissociation necessiated by the change of medium ruptures this association. It obliterates the joking features, leaving only the ultimate content, perhaps most succinctly described in the words of Penelope Gilliatt in the *New Yorker:* «The great silent comedians demonstrate a philosophy of me-against-the-world, of small-town decency against metropolitan mayhem, of the loner against the propertied.»[34]

What remains in these texts is the pathos of the «silent clowns,» although the meaning of this pathos is significantly different in the two poets. Alberti's «tontos» reflect the nostalgia for the imaginative freedom of childhood that is threatened by the cold rationalism of the intellect: «Decidme de una vez si no fue alegre todo aquello./ 5 x 5 entonces no eran todavía 25/ ni el alba había pensado en la negra existencia de los malos / cuchillos» (p. 421). The pathos of Lorca's Keaton is that of a child's innocence in the face of adult sexuality, as he submits passively to the sexually aggressive «Americana.» This corresponds to one of the many meanings projected by the Keaton image, which has definite effeminate connotations. This is especially obvious in *Go West,* where the fragile, small Keaton is placed in direct contrast to the «real» cowboys, a contrast symbolized in his tiny, ivory-tipped lady's handgun as opposed to the heavy metal weapon of the West. In *Seven Chances* (1925) the aggression of women reaches nightmarish proportions, as the hordes of desperate ladies pursue him for marriage, and money. By visual analogy they are compared to huge boulders rolling down the hillside, endangering the fleeing Keaton's life. The irruption to the surface of this profound and obsessive theme of Lorca— man's vulnerability to the threatening, castrating female *(Perlimplín's* Belisa, Yerma, the «Novia» of *Así que pasen cinco años)*—creates an «uncanny» effect, according to Freud's use of the term as «everything is uncanny that ought to have remained hidden and secret, and yet comes to light.»[35] In this avant-garde mode, as during his neo-popular phase, Lorca's work has a dissonant note, a sinister and potentially violent undercurrent, that is absent in Alberti's poems.[36]

This golden era of the silent comics is doomed by the advent of sound. Paradoxically, though, their silence is commemorated in the words of these poets, and although their words do not produce laughter, they have understood that comedy is sublime. What Lorca said on another occasion—«...hablo con la fe arraigada que solamente tienen el poeta, el niño y el tonto puro»[37]—could be applied to these works, for only souls open to wonder could so appreciate the magic of the wonder-full comedians of the era of the twenties.

NOTES

1.   The date of the first Cinématographe of the Lumière brothers is 1895, after which George Méliès produced his visual fantasies. The first «talking» film is con-

sidered Al Jolson's *The Jazz Singer* (1927). A good general introduction to this period is provided by Walter Kerr, *The Silent Clowns* (New York: Alfred A. Knopf, 1975).

2. As related in J.H. Mathews, *Surrealism and Film* (Ann Arbor: University of Michigan Press, 1971), p. 1.

3. For a discussion of film terminology and its suggested refinement, see Christian Metz, «Propositions méthodologiques pour l'analyse du film,» in *Essays in Semiotics*, ed. Julia Kisteva *et. al.* (The Hague and Paris: Mouton, 1971), pp. 502-15. For a lengthier treatment of the semiotics of film see Metz's *Language and Cinema*, trans. Donna Jean Umiker-Sebeok (The Hague and Paris: Mouton, 1974).

4. «El surrealismo,» *Revista Hispánico Moderna*, 3 (abril 1935), 234.

5. Included in the critical essays of *Cinéma* (Paris: Gallimard, 1966), p. 96 from *Paris-Journal*, 6 avril 1923.

6. See J.L. Hernández-Marcos and E.A. Ruiz Butrón, *Historia de los cine clubs en España* (Madrid: Imprenta del Ministerio de Cultura, 1978), especially chapter 2, «Los cineclubs en España.» I am grateful to Mr. Hernández-Marcos, Director of the Federación de Cine-Clubs del Estado Español, for having so kindly made this publication available to me.

7. In *La arboleda perdida* (1959; rpt. Barcelona: Seix Barral, 1975 and 1976), p. 279.

8. «Historial de un libro,» in *Poesía y literatura* (Barcelona-México: Seix Barral, 1960), p. 247.

9. As quoted in J. Francisco Aranda, *Luis Buñuel: Biografía crítica* (Barcelona, Ed. Lumen, 1969), pp. 66-67.

10. S. Freud, *Jokes and Their Relation to the Unconscious*, trans. James Strachey (New York: W.W. Norton, 1960), in defining the purpose of jokes, distinguishes between «innocent» and «tendentious» jokes, because the latter allow for the expression of an otherwise repressed impulse, aggressive or sexual in nature: «They make possible the satisfaction of an instinct (whether lustful or hostile) in the face of an obstacle that stands in its way. They circumvent this obstacle and in that way draw pleasure from a source which the obstacle had made inaccessible» (p. 101).

11. «Mack Sennett. Liberateur du cinéma,» *Cinéma*, pp. 166-68 from *Le Soir*, 15 avril 1927.

12. *King of Comedy* (Garden City, N.Y., 1954), p. 29 as quoted in Gerald Mast, *The Comic Mind* (New York: Bobbs-Merrill, 1973), p. 53. This unmasking of pretension is also mentioned by film critics such as Kalton C. Lahue, *Mack Sennett's Keystone* (New Jersey: A.S. Barnes and Co., 1971): «Sennett's world of Keystone was fundamentally one of absurdity, in which dignity and refinement were revealed as a sham and replaced by vulgarity and ridicule» (p. 277).

13. These are the words of Daniel Moews in *Keaton. The Silent Features Close Up* (Berkeley and Los Angeles: University of California Press, 1977), p. 52.

14. These personal impressions are verified by critical commentary: James Agee, «Comedy's Greatest Era,» in *Agee on Film* (1958; rpt. New York: McDowell, Obolensky, 1964) from *Life,* September 3, 1949 says of Langdon that «he seemed like an outsized baby who had begun to outgrow his clothes» (p. 13); Kerr, *The Silent Clowns* mentions the role reversal in Keaton's films (p. 237); Richard Schickel, *Harold Lloyd. The Shape of Laughter* (Boston: N.Y Graphic Society, 1974), writes that «The trouble was that Lloyd, like his screen character, was quite insecure around women...» (p. 45). Moews notes that«...judging by the *American Film Institute Catalog,* most of the some 6,000 feature films released in the nineteen-twenties had an inexperienced and adolescent hero or heroine busily meeting and overcoming melodramatic dangers and winning glory at the end» (pp. 37-38).

15. Jim Leach, «The Screwball Comedy,» in *Film Genre: Theory and Criticism,* ed. Barry K. Grant (Metuchen, N.J. and London: The Scarecrow Press, 1972), p. 77.

16. «Manifesto of Surrealism» (1924) in *Manifestoes of Surrealism,* trans. Richard Seaver and Helen R. Lane (1969; rpt. Ann Arbor: University of Michigan Press, 1974), particularly pp. 39-40; «The mind which plunges into Surrealism relives with glowing excitement the best part of its childhood» (p. 39); «It is perhaps childhood that comes closest to one's 'real life';...» (p. 40).

17. *Jokes and Their Relation to the Unconscious,* p. 227. Freud takes note of Bergson's *Le rire* (1900), according to which the perception of rigid, mechanized behavior, as opposed to the «tension and elasticity» of normal behavior, accounts for comicality (see *Laughter: An Essay on the Meaning of the Comic,* trans. Cloudesley Brereton and Fred Rothwell (New York: Macmillan Co., 1912), pp. 3-22. Freud subsumes this description under his more general category of perception of comic difference (pp. 208-209). Bergson also suggests an infantile source of comic pleasure—the reminiscence of childish games with toys or puppets (pp. 67-70), which Freud again relates to the perception of difference, in the comparison between the adult's ego and the child's ego, concluding that «actully what is comic is in-variably on the infantile side» (p. 225).

18. According to M. Laffranque, «Pour l'étude de Federico García Lorca. Bases chronologiques,» *Bulletin Hispanique,* 65 (1963), 341 as stated in Robert G. Havard, «Lorca's Buster Keaton,» *Bulletin of Hispanic Studies,* 54 (January 1977), 19, note 1.

19. All references to Lorca will be to the *Obras completas,* 13th ed. (1954; rpt. Madrid: Aguilar, 1967). All references to Alberti are to the *Obras completas* (1967; rpt. Madrid: Aguilar, 1972), I *(Poesía 1924-1967),* Biblioteca de Autores Modernos.

20. *La arboleda perdida,* pp. 264-65. See also for *Sobre los ángeles,* G.W. Connell, «The Autobiographical Element in *Sobre los ángeles,*» *Bulletin of Hispanic Studies,* 40 (July 1963), 160-73 and C.B. Morris, *Rafael Alberti's «Sobre los ángeles»: Four Major Themes,* University of Hull Publications, No. 3 (Hull: University of Hull,

1966). I say «exaggeratedly positive» because many of the recollections of childhood in the autobiography are negative, especially regarding his religious upbringing and his schooling.

21. These sources, as well as other literary allusions, are identified in the excellent article of C. Brian Morris, «Some Literary Sources in Alberti's *Yo era un tonto*,» *The Malahat Review*, 47 (July 1978), 173-80. Some of the poems discussed by Morris do not contain specific filmic references, such as «Five o'clock tea.» Some of the poems were read at the Madrid Cine Club at a film festival dedicated to these comics in May, 1929; others appeared in the *Gaceta literaria*, many illustrated by Maruja Mallo, and not all are included in the *Obras completas*. See Carlos Alberto Pérez, «Rafael Alberti: Sobre los tontos,» *Rafael Alberti. El escritor y la crítica*, ed. Manuel Durán (Madrid: Taurus, 1975), pp. 205-217, rpt. from *Revista Hispánica Moderna*, 32 (1966), 206-16.

22. Quoted in Gustav Siebenmann, *Los estilos poéticos en España desde 1900*, trans. Angel San Miguel (Madrid: Gredos, 1973), p. 273 from R. Alberti, *La poesía popular en la lírica española contemporánea* (Jena y Leipzig, 1933), p. 15.

23. These farces are studied in Virginia Higginbotham's *The Comic Spirit of Federico García Lorca* (Austin and London: University of Texas Press, 1976), where it is stated that «such prologues were a warning to the public that what might appear to be a childish spectacle should be understood instead as an effort to depart from the conventional realism of the day. In the prologue to his first puppet farce, Lorca frankly admitted his desire to escape the polite or bourgeoisie theater with its bland characters and unimaginative dialogue» (p. 76).

24. M. Riffaterre, *Semiotics of Poetry* (Bloomington and London: Indiana University Press, 1978) mentions similar difficulties experienced by the reader if there is an *implicit intertext* (pp. 134-38). His comments on the «unscrambling» of nonsense poems, which requires the recognition of the «latent» hypogram, provide a methodological guide to the reading of these two types of discourses—film and poetry (pp. 138-50).

25. C.B. Morris, «Rafael Alberti's *Yo era un tonto*» and C.A. Pérez, «Rafael Alberti: Sobre los tontos» suggest specific possibilities for Alberti's texts. Both mention Lloyd's *The Freshman*, but this is a satire of college football, without any reference whatsoever to a learning situation. Langdon's *Long Pants* does indeed include a ridiculous «mating scene,» although Pérez suggests *His First Flame*, which I have not been able to obtain. The description of Wallace Beery's *Fireman, Save My Child* (1927) suggests it as a source for Alberti's «Wallace Beery, bombero,» but this film has also been unavailable. The Study Center of the Museum of Modern Art's Department of Film has been an invaluable help to me in this project.

26. Rupert C. Allen, «A Commentary on Lorca's *El paseo de Buster Keaton*,» *Hispanófila*, 48 (May 1973), 23-35, considers it a cinematic script, while Robert G. Havard, «Lorca's Buster Keaton,» *Bulletin of Hispanic Studies*, 54 (1977), 13-20,

views it as a lyrical piece, not written for the cinema. In his letter to Guillermo Torre (Antes de Marzo, 1927) Lorca refers to it as a «diálogo fotografiado» (p. 1630).

27. Moews, *Keaton*, p. 50.

28. Havard, «Lorca's Buster Keaton,» interprets this as a reference to auto-eroticism (p. 15). Allen, «A Commentary on Lorca's *El paseo de Buster Keaton*,» notes similar implications in the reference to the Singer sewing machine song (p. 31). Even another possibility is a verbal pun, as the expression «to eat one's hat» is rendered literally.

29. Morris, «Some Literary Sources in Alberti's *Yo era un tonto*,» p. 173 and Pérez. «Rafael Alberti: Sobre los tontos,» p. 210, note 18.

30. Jurij Lotman, *Semiotics of Cinema*, trans. Mark E. Suino, Michigan Slavic Contributions, No. 5 (Ann Arbor: University of Michigan Press, 1976) discusses the modality of the shot as fundamental to the «lexicon» of cinematography: «Separation of the cinematic sign from its immediate, material meaning and transformation into a sign of more general content is primarily achieved through strongly expressed modality of the shot» (p. 44). The close-up also functions, metonymically, to expand cinematic space (pp. 81-83).

31. See Lotman, pp. 44-46. Roland Barthes, «The Photographic Message» and «Rhetoric of the Image,» in *Image, Music, Text,* trans. Stephen Heath (New York: Hill and Wang, 1977), pp. 15-68 analyzes the process of signification in the «reading» of a photographic image.

32. See Thomas H. Jordan, *The Anatomy of Cinematic Humor* (New York: The Revisionist Press, 1975). A summary definition of the theories of joking (including Bergson's and Freud's) is given by Ragnar Johnson, «Two Realms and a Joke: Bisociation Theories of Joking,» in *Semiotica,* 16, No. 3 (1976) pp. 195-221.

33. This feature of nonsense is studied as another detachment-producing mechanism in Elizabeth Sewell. *The Field of Nonsense* (London: Chatto & Windus, 1952; rpt. The Folcroft Press, 1970) in Chapter 11, pp. 130-48.

34. In the April 24, 1971 issue, p. 134.

35. «The Uncanny,» in *Collected Papers,* trans. Joan Riviere (New York: Basic Books, 1959), IV, p. 376. Certain visual images of Lorca's can be associated with a castration complex: The drawing of the «Manos cortadas» (p. 1851); such descriptions as a fish squeezed to death; a bird's neck twisted to death, a moon transformed into a phallus transformed into a open mouth, all of which appear in the scenario of «A Trip to the Moon,» trans. Bernice G. Duncan, in *New Directions in Prose and Poetry*, 18 (1964), pp. 34-41 (the original Spanish version has not yet been published). This scenario is interpreted by Virginia Higginbotham in «El viaje de García Lorca a la luna,» *Insula,* 23 (January 1968), 1, 10. It is interesting to note that while classical Freudian theory directed castration anxiety towards the father figure, recent theory finds that the agent feared is the mother. See Wolfgang Lederer, *The Fear of Women* (New York; Harcourt Brace Jovanovich, 1968), pp. 214-20.

36. Siebenmann, *Los estilos poéticos en España desde 1900*, notes in his comparison of their neo-popular poetry that «Alberti es más alegre, más sereno, menos preocupado que Lorca, pero también es más superficial» (p. 317).

37. «Las nanas infantiles,» *Obras Completas,* p. 96.